大是文化

# 女孩心翻譯蒟蒻

男人說話都是字面意思，
女人說話卻是情緒意思。
摸透她字面背後的情緒，
你就萬事皆可達了。



人工智能、語感分析科學家、
理科女總裁
黑川伊保子 著
鄭舜瓏 譯

妻語を学ぶ

Contents

推薦序一

# 真正美好的關係，是雙方適當的讓步與包容

激勵達人／鄭匡宇

男人和女人在一起，發展一段長期關係，特別是走入婚姻，真的是件非常不容易的事情。

我認為，最大的問題就在於，一開始彼此的認知錯誤。

男人之所以會和女人結婚，基本上都是誤以為「和她結婚，我還能依照自己原本的方式繼續活著……。」而女人之所以會和一個男人結婚，應該也是誤以為「他會和我朝著我想要的方式活下去……。」你說，這能不

出問題嗎？因此，在長期關係中的男女，問題特別多，一個不小心就走上分手或離婚一途。

在古代，因為男人掌握了經濟與教育的大權，女人成了男人的附屬品，不太可能離婚，否則一定會走投無路；而現代女人既有知識又有經濟基礎，分手成了家常便飯，甚至有人說：「離婚，是女人成長後的必然！」（這句話到底是誰說的呢？咳咳，其實是我。）

根據我的觀察，男人和女人長時間在一起，遇到爭執和摩擦，會經歷幾個心理階段。

首先，男人會認為，我到底哪裡不好？為什麼她對於我的行為、生活方式，有這麼多不滿和抱怨啊？最可惡的是，她從來不指出不好的地方，為什麼要一直唸？

下一個階段，就是在不斷被指責後，心中燃起怒火，惡言反擊甚至暴力回應，又或者拒絕溝通、沉默不語，但內心充滿怨恨，並覺得：「如果我這麼差，那我們乾脆分開好了，你去找下一個人吧。」許多的婚姻，就是在這裡破裂，最後覆水難收。

不過，我們其實是可以避免分手和離婚的，只要作為男人，懂得身邊女人說的話、做的行為，其背後代表的意義，並且用正確的方式來理解，關係是可以繼續好好維持下去的。

這也是本書最有價值的部分。

例如，當聽到女人的抱怨，有許多是你無能為力的事情時，不要覺得沮喪，而是想著：「她把我當成是最重要的人，才分享這些事情、顯露這些情緒，我真幸運。」然後陪伴她，靜靜聽她說完，不要在她不是真心希望聽你意見時胡亂提出意見，擺出高人一等的姿態；面對她的指責時，不要想著是在挑你的缺點、甚至覺得她一定是討厭你才這麼說，而是「她在幫助我看見自己的盲點，這是愛的表現啊」，並且在改變之後獲得美好結果時，將功勞歸給另一半。之後，再搭配書中教你的一些刻意的肢體親密和甜言蜜語，我不相信你無法經營一段高品質的長期關係。

作者在書中提供的，是教大家認清女人話語和情緒背後的真意，並做出適當的應對之道，絕不是要你成為一個唯唯諾諾，毫無自己思想與主張的人。因為，適當的讓步是愛與包容的表現；完全的順從，卻是造成她不愛你的開始。

這本書也是一本給女性的成長書。在理解了自己那些暴怒言語背後的情緒，作為優質的女人，一定也會在莞爾一笑後，朝向最佳情緒控管的道路前進。真正的美好關係，絕不是只要男方百依百順，女方囂張跋扈，而是彼此都採取行動，在心理與行為上往更好的境界提升。

這是一本同時能幫助男人和女人的好書，誠心推薦給你。

推薦序二

# 好好認識另一半，了解彼此所想

心理師／陳雪如 Ashley

「你可不可以不要一直給我建議！我在跟你抱怨我的老闆，但你一直站在老闆那邊，指責我的不是！」女孩鬱悶的向男孩大吼，內心覺得好孤單，為什麼每次在男孩面前展現脆弱、需要被支持的時候，男孩不安慰就算了，還總是落井下石。

「什麼叫孤單寂寞覺得冷？在感情中，應該懂你的另一半，卻變得跟他無話可說的時候，才是冷到骨子裡去。」女孩心想，要一個靈魂伴侶好難。只是想跟伴侶分享生活中遇到的挫折、求個安慰，卻講沒兩句就吵起來，真的是不如不說。

「我到底要這樣的另一半幹嘛？不如分手算了……。」

在諮商室中，男孩有聲有色的轉述女友的分手宣言，詢問我該怎麼挽回女友的心，因為，他搞不清楚女友到底為什麼要跟他分手。

「Ashley 心理師！妳告訴我，我女友到底在想什麼？我不懂她幹嘛老是沒事找架吵，還無理取鬧說要分手！她跟我說被老闆罵的事，我自己也是當老闆的人，我以老闆的角度，告訴她身為一個員工該怎麼做比較好，是在幫她啊！」

以上情境，是許多男女相處上遇到的真實困境。許多吵架的情侶來到我面前諮商，各種事情都可以吵，但那都是表面的議題，真正的根源往往出在「奇摩子」（心情）上。

女人，要的是被傾聽、被理解、被陪伴的感覺。女人宣洩情緒，只是正常能量釋放，釋放完了，理智就會回來，慢慢思索該如何解決問題。但男人面對女人強烈的情緒，卻感到不知所措。男人直覺的想：「如果我幫她想辦法，她的情緒就會消失了。」、「發洩情緒有什麼用，事情一樣不會解決啊！我愛她就是要幫忙她解決問題。」於是男人無視女人的情緒，直接處理問題，卻造成兩人情感相處上最大的問題。

本書作者黑川伊保子在研究人工智能的過程中，以腦科學的角度，發現男女面對問題時，之所以採取不同策略，其實來自於演化的差異。例如，女性在面對問題時，最需要獲得認同，因為在遠古時代，女性需要哺乳養育、保護孩子，若在群體中獲得認同與歸屬感，才能保障母子安全。

對男性來說，他們長期為了狩獵而培養出的本性，是去思考如何迅速解決問題、達到目的，而且最好不參雜情緒、跳脫主觀。這兩種腦的思考方式都是為了存活，但也因這樣的差異，讓人覺得「男人來自火星，女人來自金星」，男女彼此好像不同世界的人，難以理解、共度生活。

好在，本書作者不只幫我們翻譯女孩心，還具體明確的指出回應的方法，例如要「先表達認同、再認同、最後才給建議」。

最難得的是，書中的例子都是伴侶在生活中時常會遇到的問題。例如男孩遲到，過程中一封訊息都沒有，讓女孩覺得不被重視；女孩希望男孩向她的心情道歉，男孩卻就事論事表示自己沒錯，是因為塞車才晚到，不傳訊息是因為覺得與其花時間告知，不如趕快到達目的地更實際。

若不懂男女的差異，很容易以自己的視角誤解對方，缺乏耐心與理解，導致「相愛容易相處難」。我認為本書很適合男女一起閱讀，透過本書，彼此一起討論書中案例，可以更認識彼此，也更知道：「啊！原來妳這樣的時候，希望我這樣回應就好！」

最後，特別提醒，這裡的男女腦，只是一種概括性的表達方法，不代表男人就一定是這樣，女人一定是那樣。比起男女間的差異，好好認識眼前的另一半，了解對方所思所想，找到彼此心悅的共處之道，才是本書真正的價值。

推薦序三

# 想要好的愛情，你需要了解對方的心情

諮商心理師、愛情顧問／瑪那熊

在我上一本書《一開口撩人又聊心》（如何出版）中提到，愛情不是用追求的，而是透過吸引獲得：提升自己的魅力，包括擴展生活圈與人際圈、增進內涵與外在、培養互動能力，才是終結單身的捷徑。

近幾年也有許多把妹教練、戀愛專家，建議男人該走「利己」路線，以發展個人生活為中心，不輕易跪舔、討好女生，反而能讓對方主動接近，順利脫單。然而我也觀察到這套路線，出現極端發展的趨勢，有些講師認為，男人必須成為強者，並隨時維持這種樣貌，才能讓女生趨之若鶩、投懷送抱。他們所推廣的某些觀念，與傳統大男人思維相似，讓男生將自己視為高高在上、優於女生的角色。在他們僵化的關係界線底下，男人亦不能把脆弱的一面暴露出來，否則就不夠「man」。

這種帶有心理學「逃避依戀」人格特質的行為，被一些人宣稱具有「女生會因傾慕、崇拜，而離不開你」的效果，並用此來維繫愛情。但我認為實際情況將是「留得住人，留不住心」，讓愛情的親密感、安全感不斷下降，最終對方仍會選擇離開。依照這派理論的解決方法，失去這位伴侶無所謂，換下一個即可，然而我相信多數人們所企盼的，是想穩定發展一段長期關係，從中得到陪伴、支持與幸福感，而非將伴侶視為可有可無、沒有就算了。

因此，當我們進入一段愛情後，溝通與合作成為必修功課。我們仍要保有個人獨立的部分，亦需擁有原則與界線，但並非絕對不可動搖，而是保持彈性。當我們看見伴侶的內在情緒，試著給予同理、安慰與陪伴，甚至稍做退讓（不觸及底線），以滿足對方的需求，這些經營關係的行為，不應該被視為怯懦、失去自我，或被貼上「不像男人」的標籤。

這絕不是叫你放棄一切原則，在交往、結婚後失去個人空間、不再提升自我，成為只會討好、無條件犧牲奉獻的馬子狗或妻奴。事實上，一個能維繫愛情的成熟男人，必然同時具有「剛」、「柔」兩面，在不同情境下，運用這兩種特質，一方面持續擁有強大的性吸引力，另一方面，也能化解關係中的許多衝突，而非只要雙方有摩擦，就急著取消對伴侶的關注，或直接換下一位。這並不是在經營愛情，僅是逃避的藉口罷了。

所以，若你是個重視愛情，想跟伴侶一起努力走下去、獲得更多幸福感的人，本書提供了許多「女生森七七」的例子，幫你搞懂對方到底在想什麼、不爽什麼、希望得到什麼。若你是奉行利己主義的人，本書同樣能幫助你，畢竟「Happy Wife, Happy Life.」搞定對方的情緒，其實是幫自己一把，你反而是最大的贏家啊！

前言

# 女孩心不用猜，翻譯蒟蒻告訴你

女人，是一種只會對愛慕的男人發脾氣的生物。

但男人一直不懂得如何安撫女人的心情，越是聰明機智的男人，越是如此。因為他們大腦的訊息處理機制，沒有和眼前女性的心情，在同一個頻率。畢竟，若一個人的情緒，老是跟著眼前的人的心思起伏，就無法建構自己的世界觀。

正因如此，當女性已經露出不悅的表情時，男性沒覺察到；當女性面露哀傷的表情，男性還是沒覺察到。要覺察女性的心思確實不容易，久而久之，不懂得安撫女性心情，反而成為男子漢的正字標記。

換言之，充滿愛意的女人，與聰明機智的男人，這種傳統被視為最佳情侶檔的搭配，反而最容易在「女人心情不好」的課題上摔跤。

因此，為了幫助男人讀懂女人的心情，我寫了這本書。

女人心情不好的理由，如同天上星星多到數不清，但表現的方式其實不如大家想像的多。我試著整理一下，日常生活中，**女人表現出心情不好的方式，大約有十八種，而絕大多數的情況，男人只要說一句話就能解決**。只要把那句話背起來就好，真的很簡單。

本書針對男人無法理解女人心情不好的狀況，提出十八個翻譯蒟蒻。遇到女人常說的口頭禪該怎麼回應？只要翻閱本書，就能找得到解方，就像是女人心情的字典。為什麼女性會心情不好？我試著模擬了幾種狀況，大家可以試著套用在自己碰到的情況。

先試著說出翻譯蒟蒻的話，就算有口無心也沒關係，只要理解她心情不好的原因，慢慢的你就能掌握女人心。總有一天，你會恍然大悟：「原來她受到那麼大的委屈。」

「我對我老婆的牢騷、抱怨完全沒有共鳴，即使如此，還是要對她說溫柔的話？有口無心，那不是騙人嗎？」我想很多男性會這麼想。但只要抱著「如果一句體貼的話就可以安撫她，試著說看看也無妨」的心情說就好，不用想太多。

有口無心也無妨，只要對女性說幾句體貼溫柔的話，她就能得到療癒。看到她被療癒的樣子，你的內心自然會湧現溫柔體貼的心情。如此一來，之前說的那句話也就變成真心的了。

順帶一提，本書說的男性腦，指的是多數男性在不經思考的狀態下，所進行的典型演算模式；而女性腦就是女性版本。

並非所有的男性一天二十四小時都是使用男性腦，女性也一樣。不過兩個相愛的人，突然陷入溝通障礙的主因，大多來自兩者的差異。

我在做人工智能的研究中發現，要讓人工智能像真人一般說話，就必須根據男女，開發出不同反應的演算模式（光靠一套程式做不出來）。研究最終的目標，是做出「說起話來讓男性覺得舒服，讓女性覺得溫柔的人工智能」，所以必須先澈底研究出男女腦的演算模式。這是我在做人工智能研究時提出的建言。

本書在整理女人們感到不開心的十八件事情時，得到撰稿人坂口千津的鼎力相助。五十多歲且養育兒子的我們，除了要與老家母親那千錘百鍊的女性腦交手之外，還得努力理解職場同事的男性腦。因此，我們自然能夠舉出許多，「男性明明沒有惡意，但女性總認為自己受到傷害」的事例。

我認為，我們的研究成果不僅可以提升男性朋友的覺察力，也可以降低女性朋友的鬱悶，所以這也是一本適合女性朋友閱讀的書。

本書是全世界所有男生必備的書，願它能早日為全世界的男女帶來安寧，說不定這本書還能角逐諾貝爾和平獎呢。

第1章

# 女生這麼說，意思其實是……

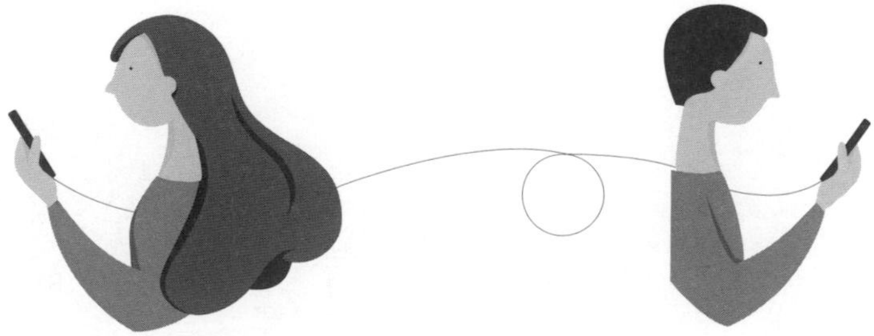

# 1 突然生氣的說：「吼、算了啦，我自己來！」

女性是一種她想做某件事時，潛意識中，會希望對方「主動覺察」她的需求，並替她完成的生物。

她們最喜歡自己不用把話說得太明白，別人就會幫她做完，甚至做得比她要求的更多。因為，對女性來說，這是一種對方把自己看得很重要的行為。

有一次，我在家裡做歐姆蛋。打完蛋，手上還拿著蛋殼，當我回頭望時，我兒子已經替我踩下垃圾桶的踏板等著我。記得我那時候有點感動，對他說：「你還真機靈。」他若無其事的說：「我剛經過看到妳在打蛋啊。」雖然我本來就很愛我兒子，但在那個瞬間，分數更是不停的往上加。

女人要的就是這個。掌握女人的行動，然後若無其事的出手幫忙，這種做法比當面說我愛你，還能讓女人感動數倍。

## 主動做，而不是等她開口

既然女性腦希望自己還沒說出口之前，你就要覺察，更別說已經主動向你表示「希望你幫我」時，你還擺出一副搞不清楚狀況的樣子，女性當然會生氣的說：「吼、算了！」

問題在於，女性腦認為「我已經表達得夠清楚了」，但對男性腦來說，依舊無法理解女性想要的是什麼。

於是，女性只好一邊嘆氣一邊洗碗。對女性來說，她會覺得自己已經表達得那麼清楚了，男性卻完全沒注意到。大概超過半數的男性，都不覺得感冒的老婆，一邊洗碗一邊咳嗽有什麼問題。

以男性的角度來說，他認為如果女性需要幫忙，直接說就好，但對女性腦來說，不主動說出口還願意幫她做事，這才是愛的表現，也是一場愛的臨時考。

因此，女人在拜託男人時，有時會說得比較委婉。例如，想請老公倒垃圾時，她會喃喃自語：「今天垃圾車說不定會提早來。」這句話後面有個括弧，內容是：所以你趕快去倒垃圾吧。所以她整句想表達的應該是：「今天垃圾車說不定會提早到。（所以你趕快去倒垃圾吧！）」

老公若能覺察括弧內的涵義，就能通過愛的測驗。當然，有些人即使沒覺察這件事，潛意識中還是會去倒垃圾。但大多數的男性會聽成這樣：「今天垃圾車說不定會提早到。（你覺得呢？）」於是，他就會天真的反駁說：「哪有這種事？」就是因為這樣，愛的測驗才會不及格。

更慘的是，有些老婆會越來越情緒化：「不，垃圾車今天一定會提早來。」而老公也不讓步：「每次星期六都會晚點不是嗎，而且今天下雨，從來就沒有下雨天還提早到的啦。」這時，自認老公無法覺察自己需求的女性就會悲從中來，心想「他根本不把我當一回事」，然後大發雷霆：「吼、算了啦，我自己去倒可以吧！」

這時男性心裡怎麼想？我告訴你，他一頭霧水。但對女性來說，她非常挫折，因為男性顯然沒有通過這場「我有多重要」的愛情測驗。

這種時候，沒通過考驗的男性，再怎麼探究她生氣的原因，也無濟於事，更不能直接問她：「妳在生什麼氣啊。」因為，對女性來說，「就是氣你不知道我為什麼生氣啊！」

所以，當你看到女性生氣的說：「吼、算了啦，我自己來做！」要趕緊面露笑容迎上前說：「不要這麼說嘛，我來做就好。」然後立刻把事情做好。

或許男性朋友會覺得，想叫我做什麼直說就好了，幹嘛用這種迂迴的說法。但沒辦法，女性就是覺得，這樣做才能凸顯「我受到重視」。甚至女性都是在潛意識下，對你出了這樣的考題。

反過來說，如果你能覺察女性希望你覺察的事，就能掌握女人的心。我們常看到一些男性本身條件不怎麼好，可是好像挺受女生歡迎，那就是因為他們懂得利用這點。

家中有好幾個姊姊的么男，大多能體會到這個道理。許多在企業、行政部門，負責加強女性職場活躍計畫的關鍵人物，他們家裡的兄弟姊妹結構大多屬於這種。

以前在某場研討會中，和我一起出席的女醫師跟我說：「有一個新進男醫師，上從護理長，下至所有護理師的女人心都被他收服了。我好奇一問，才知道那個人在家排行老么，上面有四個姊姊喔。」這個觀察點，說不定以後會意外的成為人事管理的訣竅。

以我自身來說，對我而言很重要的男人們，如果沒有覺察到我的心情，我都給予最大的寬容。大多數的時候，我會直接明確傳達括弧中的內容。以前面舉的倒垃圾例子來說，我會直接明講：「快幫我倒垃圾，拜託。」雖然有時還是會不小心把想說的話放進括弧中，讓對方誤會，這時也只能暗自在心中苦笑：「欸，我怎麼又用這種講法。」我周遭的女性朋友可以輕鬆跨越這道難關的，都有弟弟或兒子。

因此，如果你是男性，可以多多觀察有姊姊的么男；如果妳是女性，可以參考有弟弟或兒子的女性，看她們是怎麼做的。

## 確認電子產品規格時要小心

這個「算了啦！」還可能發生在另一種情況。

當她拜託你買東西或修理東西時，你追根究柢問她規格，問到她覺得受不了時，也會蹦出這句話。

比方說，以前我老公要去家電量販店時，我託他：「上次出去玩，我弄丟手機的充電器了，幫我買一個回來。」我老公回答：「妳是要充電線？還是充電器？」（都說弄丟了，一定是整個連充電器也不見了嘛，這還要問）我有點不耐煩的回答：「全部，都要。」結果他又開始跟我確認規格：「一條充電線就好嗎？要不要買可以插ＵＳＢ線的充電器？」

「吼、真囉嗦，算了，不用幫我買了！」女性只能粗略的掌握物品的構造，所以這種確認方式，對女性來說很沒輒。

其實這時男性只要說：「幫妳買可以在飯店，或新幹線上充電的那種就可以了，對吧？」直接跟女性確認用途就好。

當然，在買一些貴重的ＩＴ機器或家電產品時，還是需要確定規格，這點女性也懂。但當她在急著要一個東西時，你卻東問西問，她當然會說：「算了！」

這時男人們會無辜的想，明明是妳拜託我耶，還對我發脾氣……男性受到這種不可理喻的對待時，我只能說真的很可憐。但如果你仍想傳達愛意給她，你可以說：「那我就幫妳看著辦囉。」這時就算你買錯了，她也沒有權利生氣。事後，你可以輕輕的對她說：「有時候真的要先確認規格比較好。」重複幾次後，女性會慢慢認真的回應規格的問題。

唉，沒辦法，女人就是這麼麻煩的生物。才寫了第一個案例，我就不禁對諸位男士們感到同情。請再多點耐心，一起把剩下的讀完吧。

翻譯蒟蒻

**開朗的伸出援手：「不要這麼說嘛，我來做就好。」**

・女人，是一種透過男人是否懂得主動覺察，來確認愛的生物。

- 絕對不能對心情不好的她說：「有什麼好生氣的啊。」
- 如果不確定她委婉說法後的真正意思，可以用試探性的語氣問：「要不要幫妳做×××？」、「我幫妳買回來吧？」、「我去跑一趟吧？」

## 2

# 突然撂下一句：「隨便你，你喜歡就好。」

女性腦，是一種透過對方能否照自己的意思行動，來確認你愛不愛她的腦。「隨便你，你喜歡就好。」當這句話出現，就表示她希望你能照著她的意思做。

當她撂下這句話，是因為她知道溫柔的男性朋友們，幾乎都不敢真的照自己的意思做。換句話說，這是一句威脅。

其實女性也知道，男性的主張也有他的道理在。如果據理力爭，女性不是輸，不然就是讓雙方像平行線一樣沒有交集，所以她們才會訴之以情的反擊：「隨便你，你喜歡就好。」

有時候，這句話也會用在想讓不講理的人閉嘴時。像是面對青春期小孩的詭辯，有時就會用這句話，關上溝通大門。我個人很討厭說這句話時的自己，因為太狡猾了。

如果女性很常對男性說出這句話，很遺憾，這表示她的頭腦不好。這樣的人屬於不理性、總是以自己為中心的類型。如果你要和這樣的人交往，要有相當的覺悟，因為她會很難應付。

正常來說，當男人被「隨便你，你喜歡就好」這句話威脅時，真正要做的就是不要怕，照你喜歡的去做就好。假設這樣的狀況重複多次，導致兩人必須分手的話，其實也不是壞事。和常把「隨便你，你喜歡就好」掛在嘴邊的女性一起生活，其實壓力還挺大的。

不是處處安撫女人的情緒，就能一帆風順，還有一種戰略是，刻意不安撫她。

## 如果是愛情長跑的女友這樣說，快撒嬌

但要注意的是，假設這句話出自於你長年交往的女友，而且她是用很認真的語氣說時，你就要真摯的回應她。通常她說出這種話時，哪怕只說一次，語氣一定會很嚴肅，就像下達最後通牒一般。

假設她以往都會說清楚要怎麼做，忽然某天冷冷的對你說：「隨便你，你喜歡就好。」這時她的意思是：「我受夠了，我已經放棄你了。」

遇到這種情況，你要趕緊說：「不要這樣說嘛。」、「你這樣說我很難過耶，拜託原諒我啦。」要像個天真的小學男生撒嬌、賴著母親不放一樣。如果她對你還有愛的話，應該會苦笑說：「那，偶爾聽我一次，好嗎？」這時你再說：「嗯，偶爾聽妳的。」兩人就能重修舊好。

最糟糕的做法就是沉默不回應。

如果對方是好女生，你聽到她說這種話，心裡應該會隱約覺得糟了。

畢竟女生一旦冷淡的撂下這句話，就不可能先認輸。假設男性堅持沉默不語，兩人的距離就會越離越遠。要記得，這段距離不可能由女性修補，一定要由男性主動修補，才能縮短距離。

翻譯蒟蒻

## 要緊緊賴著她撒嬌：「妳這樣說我很難過耶，拜託原諒我啦。」

- 「隨便你，你喜歡就好」是為了控制你的威脅話語，要多注意常把這句話掛嘴邊的女性。
- 如果你們是愛情長跑的伴侶，「隨便你，你喜歡就好」，可能是她下的最後通牒，含有「我已經放棄你了」的意思。如果你還想和她繼續走下去，一定要立刻向她撒嬌。

## 3 鬧彆扭：「反正我怎麼樣，你也不在乎吧？」

「反正我怎麼樣，你也不在乎，對吧？」

想要了解女性會說這句話的原因非常困難。大多數的時候，真正的原因，不在她說出這句話前，所發生的那件事。

例如，她看到你前女友的照片。這時的女人，絕對不會輕易放過。

「你前女友好漂亮喔。」

「還好啦。」

「還好而已嗎？」

大概是類似這樣的對話，然後就結束了。其實她這時候是在生氣，但真正要爆發出來，可能會是很久之後，而且引爆點完全是不相關的事。例如，她說了一件小事，結果你忘了，這時候就會出現這個臺詞：「反正我怎麼樣，你也都不在乎，對吧？」

其實真正的原因，來自於潛藏在她內心深處的自卑感，男性不了解，所以束手無策。不只是前女友，甚至日常生活的談論，也會傷到她的心。

例如，當你看到身材高挑的女明星，忍不住讚嘆時；或是和她談到自己在工作上和女同事的互動時，你可能完全沒覺察，這些話，全都和你那「身材嬌小」，可愛的「家庭主婦」完全是相反的形象，所以才會天真的說出那些話，而此時你身旁的老婆，心裡一定很不是滋味。

自卑感並不是本身條件不好的人，才會有的心理。厲害的人遇上更厲害的人，也會有自卑感，若非本人，很難想像自卑感會出現的原因。

因此，當她說出：「反正我怎麼樣，你也都不在乎吧？」這時，你可能早已追查不出根本的原因，就算你猜對了那裡是她的痛處，還是不要提及比較好。她只希望你能認真又憤慨的說：「我怎麼可能不在乎？」

她說出那句話的起因，來自於一個希望和一個悲傷，前者是「希望被你珍惜」，後者是「原來我在你心中並非第一」。如果你覺得她很重要，請讓她知道，你很難過她會這麼想。

這時，就算你說：「怎麼突然說出這種莫名其妙的話。」她也不會生氣，因為那表示你愛她。

## 當女生說「那個人好漂亮喔」時，快想辦法岔開話題

順帶一提，絕對不可以在重要的女性面前誇獎別的女性。如果女性對你說：「那個人好漂亮（可愛）喔。」你只要輕描淡寫的回答：「會嗎？」想辦法岔開話題就對了。

我家兒子在這一點可說是一百分，但有時還是會不小心掉入陷阱。

某天，我媳婦指著一位美女說：「她真的好美喔。」我兒子回答：「會嗎？」我在心中暗自叫好，判定他過關。

但沒想到我媳婦不死心，繼續進攻：「如果她過來跟你說，想跟你吃一次飯呢？」我兒子淡淡的說：「有妳在，沒有理由跟她吃飯啊。」做得好！我心裡暗自高舉雙手擺出勝利姿勢。

但我媳婦畢竟還是技高一籌，「那，假如我不在這個世上了，她哭著跟你說，無論如何一定要跟你約一次會呢？」

「這裡就是最緊要的關頭了，兒子加油啊！」我在心中替他加油，但就連我兒子，還是過不了這一關：「如果妳不在了的話，那可能可以吃一次飯吧。」

我媳婦驚訝的「蛤」了一聲後，就開始鬧彆扭：「反正我怎麼樣，你都不在乎吧？」幸好這只是新婚小倆口鬧著玩，所以雙方都知道只是在開玩笑。

其實，我兒子應該要這麼回答：「我會不斷的找妳，直到找到妳為止。」、「找到妳之前，我絕對不和別人約會。」有人可能會說，她的前提是她已經不在這世上，這樣邏輯不通吧？但這時候哪需要什麼邏輯，只需要愛！

## 為什麼女人這麼重視紀念日？

如果男性忘記紀念日，也可能會被撂下這句話。男性腦與女性腦對紀念日的意義各不同，這一點務必牢記在心。

**女性腦是過程導向型，比起成果，她們的意識會傾向集中在努力至今的歷程。**

例如，與客戶發生糾紛時，比起糾紛的內容，女性腦會更集中注意在過去與客戶的對應中，是否有造成嫌隙的地方。因此，她們比起掌握狀況，或是當面對應，會更優先注重人際關係的齟齬。

當然，女性注重的點很重要，但當主管希望她能客觀，且明瞭的傳達糾紛狀況時，她卻不斷回想過去：「其實，在三個月前，他們的部長就說過……。」主管對這樣的描述一定吃不消。男性主管會覺得只聽到一堆抱怨與藉口，但這正是女性最真誠的表現，因為她們認為，問題的本質潛藏在過程中。

若是女性主管聽到女性部屬開始長篇大論，她會提醒她：「詳細的來龍去脈之後再談，先說說看妳對現況的掌握。」請各位男性主管記得，以後要這樣說。

結婚紀念日或家人、伴侶的生日等，對男性來說，不過是必須要做點特別活動的日子。他們頂多對十週年、五十週年，這種人生的階段比較有感，會感慨一下：「原來已經走了這麼久啦。」但對於七週年、十三週年，這種不是特別的整數，他們一點感覺也沒有。

但是對過程導向型的女性腦來說，紀念日是她回憶過往的重要日子。結婚十三週年，對女性所代表的意義，是把十三年的回憶串連起來的日子，像是「已經十三年了啊。對了，我想起來了，那時候我們做了〇〇，發生了×××」。

女性腦會用情感來編織回憶。她們會回想與現在的情感相同的記憶，而且是一個接著一個不斷回想。這一點非常重要，請各位男性注意。

如果她在結婚紀念日那天感受到老公很疼自己，內心因而感到滿足，那她就會自動串聯過往的幸福回憶。反過來說，假設那天老公不重視這個日子，也不把老婆當一回事，那她就會開始串聯以前就覺得不爽、當時哪一口氣吞不下去的回憶。

男人和女人在一起生活，一定有數也數不完的幸福和不幸福。女性會在紀念日那天，徹底進入串聯回憶模式。我建議男性在那天，一定要溫柔對待女性，這樣她就會覺得嫁給你真幸福；相反的，假設那天，你沒有太大的作為，那她可能就覺得嫁給你真不幸。

天國與地獄之路由此而分，請各位男性以後千萬別忘記這個可怕的紀念日。

## 在兩星期前說出你的規劃

接下來，我來傳授各位，如何有效度過紀念日的祕訣。

第一招，就是先預告紀念日那天要做什麼。大概兩到三個星期前，你可以先跟她提到紀念日的事：「今年的結婚紀念日是星期六耶，要不要去品嘗美味的紅酒？」

這麼一來，在紀念日到來之前，女性已經不斷在腦海中重複想像這些畫面，內心充滿期待，開始思考要穿什麼服裝、鞋子，什麼時候上美容院等。這段時間，她會不自覺得認為老公很重視她，因此心情大好。

在紀念日到來之前，只要簡單的一句話，就能創造出期待的樂趣。這對於喜歡仔細反覆玩味過程的女性腦來說，可以產生非常大的效果。

這一招也可以用在平時約會。「梅雨季節過後，一起去喝美味的啤酒吧」、「天氣變冷的話，一起去吃相撲火鍋吧」等。這樣女性會在梅雨季節中，一直期待那天的到來，然後在梅雨季節結束的那天，看著夕陽啜飲一口啤酒，達到人生最幸福的顛峰。

有些男性會很擔心：「她這麼期待這一天到來，要是毀約的話，後果一定很恐怖。」其實沒那麼嚴重。**對女性來說，比起真正的約會，期待的過程更重要**，女性腦就是這麼不可思議。就算約會延期，她也會原諒你：「沒關係啦，夏天喝啤酒更美味唷！」

第二招，在紀念日當天，和她互聊過去這段時間的努力，互相說些慰勞的話。不用很豪華的慶祝，只要適時的說出類似「那時候發生了那些事情，謝謝妳一直在旁邊陪著我」這樣的話即可。

週年紀念的時候，可以試著感慨良多的說：「喝妳做的味噌湯，也已經喝了三十年了，比喝我老媽做的還久呢。」

男性永遠不曉得，女性有多麼喜愛願意和她聊過去心歷路程的男性。在紀念日那天聊，還能加乘一百倍的點數，不多加利用實在說不過去。

翻譯蒟蒻

**認真憤慨的說：**

**「我怎麼可能不在乎？」**

- 女性腦覺得不被重視的心情會不斷累積下去，所以最好說句好聽的話，去除她的疑慮。
- 女生稱讚另外一個人「她好美喔」時，千萬不要附和她，想辦法岔開話題就對了。

・對過往（一起經歷的日子）容易產生愛戀的女性腦來說，紀念日是最重要的大事，忘記紀念日，等同於你不珍惜她。

# 4 毫不留情的說：「跟你在一起，沒什麼意思了。」

本想和她執子之手，與子偕老，哪知某天對方突然宣告，不想讓你再參與她未來的人生，聽到這樣的消息，男性們只能驚呆了。

「和你在一起，也沒什麼意思了。」女人下定決心，和長年交往的男人分開，通常只在一瞬間。會走到這一步，只能說冰凍三尺非一日之寒。

人的腦是靠著與人互動，來確認自己的存在。男人們從公司回來後，一邊看電視一邊吃飯，連一句「好吃」也沒說，洗完澡滑手機，沒和老婆說幾句話，就倒頭大睡，沒有感謝的話，也沒有慰勞的話。偶爾，老婆會透露自己心情不好，但都沒得到滿意的回覆……。

這種起不了互動的對象，會漸漸的在她腦中失去存在的意義。到最後連「薪水交給我保管」這種事情，也無法蓋過大腦選擇「失去意義」的訊息處理。

照理說，老公把薪水完全交給老婆處理，應該能產生很強的互動感。但老婆認為，這些薪水又不只是花在自己身上（為了全家人著想，家庭主婦可是絞盡腦汁把錢花在刀口上），所以在心理上起不了互動。

男性對家庭的期待，不是這種瑣碎的互動。男性腦透過狩獵而進化，所以他們擅長用視覺來掌握世界。他們會希望盡可能減少關於日常生活的瑣事（希望日常瑣事都有固定的做法，不用為了變化而操心）。而且男性是靠沉默來消除壓力，什麼話都不說，對他們而言更好。

**女性要消除壓力，則需要靠慰勞和說話，男性則是只要對方待在身邊，安靜、沉默就能感到滿足。**兩者的期望不同，長期生活下來的摩擦，若沒得到舒緩，最後就會以晴天霹靂的方式宣洩。

當男性以為自己的婚姻馬馬虎虎還過得去時，卻在哪天突然接到老婆的最後通牒，通常就是這句話——「跟你在一起，也沒什麼意思了。」

男性壓根兒想不到會發生這種事。但女性會覺得和某人在一起沒意義，想要不再參與這個人的人生，通常是因為對方從不透露自己的弱點，而不是因為男性對女性太冷淡。

工作很忙、很少待在家、很久都沒有全家一起旅行，或夫妻倆約會，女性面對老公的這些作為不會感到絕望。但她們會因為男人回家後，沒有偶爾對她們說說今天發生什麼事，而感到寂寞。

例如，「今天中午我忽然很想吃麻婆豆腐，結果去公司餐廳排隊時，最後一份麻婆豆腐剛好賣給我前面那個人」等糗事。這時老婆就會說：「那我明天做給你吃。」老公也可以回答：「嗯，還是老婆做的麻婆豆腐最美味了。」如果夫妻平時可以這樣對話，老婆就絕對不會對老公失望，因為兩人保有很強的互動性。

但現實是，男人不喜歡說沒有結論的話題。不管是人生的突發狀況，或是還沒有結果的事情，男性通常都不願意跟自己的親友說，尤其是對老婆或女朋友，因為他們不希望對方擔心，無論好事或壞事，他們都會等結果出爐才跟對方說。

但女性腦重視過程更勝結果。重要的人，在日常生活中的任何小事，她們都希望了解，希望自己能及時給予任何幫助。如果她們的付出與幫忙，可以獲得另一半的慰勞和回饋，她們的內心就會充滿愛，且不斷滋長。但若另一半不願和她們做這樣的互動回饋，她們心中的絕望感就會不斷上升。

## 找不到繼續在一起的意義

當女性說出「在一起也沒什麼意思」，兩個人大概也吵不起來。原本兩人如影隨形，安穩的生活在一起，所以男人不會說些多餘的話，因為他一直深信和另一半的關係良好。在某天，當女人的絕望感超過閾值（狀態發生劇烈改變的分歧點）時，就會說出這句話。

這不是生氣，而是絕望，很難處理，連讓你安撫她心情的機會都沒有。問她：「妳怎麼了？」她也只會淡淡的回答：「沒什麼。」最後，她的內心充滿絕望感，決定放棄這個男人。

不過，她還肯跟你說「在一起也沒有意義」，就表示可能還有救。她知道如果你還很重視她，一定會斬釘截鐵的回答：「別說傻話了，當然很有意義啊。要是沒有了妳，我根本不知道怎麼活下去。」

兩人本來就是合得來才會在一起，只因為大腦結構不同，而失去彼此，真的很可惜。

如果是還沒打算結婚的情侶，男性聽到女性這麼說，就一定要做出決定，不是求婚就是分手。如果打算求婚，你可以說：「跟妳在一起才有意義，除了妳之外，沒有別人了。」

感覺快離婚的夫妻也一樣。當女性說出這句話時，男性就要做好覺悟。打消她的離婚念頭，不然就是分開。如果不希望離婚，那就下定決心說：「跟妳在一起才有意義，除了妳之外，沒有別人了。」

我不保證說這句話一定能打動對方，讓你們繼續在一起。我想連她自己都不曉得，聽到這樣的話該怎麼反應，但不說的話一定完蛋，我只能說值得一試。

## 婚姻危機，七年一次

說到離婚，就不得不提一個夫妻關係的法則。結婚後第七年、第十四年、第二十一年、第二十八年時，夫妻關係都會出現危機。

對我們的腦來說，七是一個很特別的數字。大多數人類在接收資訊時，短期記憶只能容納七個項目。

我們的腦在掌握眼前的狀況時，會將看到的、聽到的，或感受到的資訊，一個一個放在這七個位置，然後將它們串起來，再從中找出意義。

用另一個比喻來說，假設腦裡有一張桌子，上面有七個座位，如果座位可以填滿，人就會覺得自己掌握著局面，進而感到安心。換句話說，當你想要傳達新的概念（世界觀）時，只要用七個屬性來表現，大部分的人都能接受。

大概是因為這個原因，無論日文書或翻譯書，書店裡到處都可以看到「×××的七個法則」這類標題的書籍。世界各地也都有「七件寶貝」、「世界七大××」這樣的說法。幸運七、七福神……無論什麼東西，大家似乎都喜歡把這七個座位填滿。冒險家穿越七大洋、看見七色彩虹、歌手用七個音階（一個八度）唱歌。

如果用這七個屬性表示時間週期的話，會讓腦有「一輪」的感覺。

例如，一個星期。全世界都是以七天為單位，也就是以一個星期來過生活。因為基督教的神，用六天創造世界，第七天要休息。猶太教、伊斯蘭教的神，也是以七天為單位生活。這三個宗教，都源於同一個古代宗教，說法一致也不奇怪，但連佛教也有這樣的習俗，喪事要從頭七、二七一直做到七七四十九天，法事才圓滿。

我們腦中，確實有七年一輪的概念。

在流行潮流中，也可以看到這樣的概念。比方說車子和時尚等流行，大約每七年會出現一次相反極端。因為對人來說，七年會有過了一輪的感覺，似乎是激情該告一個段落的週期。我的公司會運用這個法則，預測市場的短期未來，並在市場行銷的第一線，把它當作現實的參考指南。

於是我忽然靈光一閃，針對離婚的人做調查：「請問您下定決心要離婚時，是結婚後第幾年？」結果圖表上，第七年、第十四年、第二十一年、第二十八年的長條圖，明顯較其他年分高。調查曾有換工作經驗的人：「上一份工作做多久之後才決定換？」結果也有類似的傾向。

結婚第七年，心情上覺得告一個段落，開始沉澱下來。心情沉澱的時候，看看自己平日的生活，浮現的盡是充滿小抱怨和無趣的回憶。「接下來還要繼續和這樣的人過這種生活嗎？真讓人提不起勁。」這或許就是結婚第七年，妻子腦中會產生的感覺。

丈夫也會出現倦怠期，但還是比不上過程導向的女性腦。女性把「過去一直都是這樣」，延伸到「未來也會這樣」的能力，比男性高太多了。

過了第七年，接下來的高峰就是第十四年。這代表夫妻的婚姻一旦跨過七年，兩人的關係就會進入一個新階段，然後再邁向下一個七年。

我們的腦確實有這種週期性倦怠。假設你最近感覺「這一陣子，老婆的抱怨好像越來越多了」，那就表示你們的關係，可能進入了這個週期。很有可能，她正不斷反芻日常生活中的諸多不滿，開始思考：「難道以後也要跟這個人，一直這樣走下去嗎？真讓人提不起勁。」這時候，你更應該增加夫妻之間的互動。

不要誤會，我指的不是肌膚之親的互動。在倦怠週期，肌膚之親的互動，反而會帶來反效果，請多加注意。一旦女性進入這個模式，別說和老公接觸了，光是待在同一個空間，都會感到痛苦。

重要的是，言語上的互動。當她開始抱怨時，一定要很巧妙的回答（記得多回來翻這本書），順利度過重重考驗。

夫妻的危機，老早在爆發之前，就已種下禍根。而女性在進入倦怠週期時，最好提醒自己：「我的腦在這個時期，更容易挑老公的小毛病。」

這種時候，如果把注意力全都放在老公身上，容易不斷回想起日常生活中的不滿，很危險。我建議應該把注意力放在老公以外的事情，和他保持距離，這樣妳的日子也比較好過。久而久之，即使狀況不變，大腦的模式也會慢慢改變，妳可能就比較不會挑老公的毛病了。

畢竟他是妳當初認定的對象，如果這麼輕易就輸給大腦模式的轉換期，那也太可惜了。而且就算妳換了一個對象，每七年還是有很高的機率會發生一樣的事。

翻譯蒟蒻

## 果斷的說：「跟妳在一起才有意義，除了妳之外，沒有別人了。」

・「和你在一起，也沒什麼意思了。」當女性說這句話，就是打算分手。如果你不希望分手，一定要下定決心說出這句老套臺詞：「跟妳在一起才有意義，除了妳之外，沒有別人了。」

・每七年會出現一次夫妻危機，如果可以度過這個難關，你的另一半又會變回原本可愛的模樣（應該啦）。

# 5 刻意不跟你說話

前面提過，女性腦希望你能主動覺察她的需求。

當她一邊咳嗽一邊洗碗時，會注意你會不會快點過來跟她換手；手拿大包小包進門時，會注意你會不會過來說「很重吧」，然後替她把東西提進廚房。

雖然這些小事，她只要開口講就好，但有些女性就是不喜歡主動開口，喜歡你主動覺察她的需求，如果你沒實現她的期望，她就會用心情不好，來表達她的不滿。

除此之外，當她希望你做什麼、不希望做什麼時，你卻沒接收到，或是她覺得不受你重視的時候，也會用生悶氣、心情不好的方式表達。

不管怎樣，你重視的女性如果不願開口說話，那就表示她在告訴你：「我現在心情不好。」有些女性希望你能趕快討好她，也有些女性希望你這時不要跟她說話。

這時候就需要翻譯蒟蒻了。

基本上就先不要跟她說話，但不是把她晾在一旁。就算她不回應你，你還是要對她說一些日常生活的打招呼語，像是「我出門囉」、「我回來了」、「謝謝」、「我吃飽了」，和平常一樣就行了。

當然，可以的話，最好不著痕跡的表現出「我發現妳心情不好，想要安撫妳，讓妳開心」的樣子。例如，買她最喜歡的巧克力回家放在桌上、為她泡杯特別的咖啡，或是主動幫忙做家事。

男性可能覺得，希望別人照她的意思做，卻又不開口，這種做法也太孩子氣、太麻煩了吧。這點女性也知道，但是面對自己鍾情的人，有時候就是會顯露這樣的態度，她自己也無法控制。

她自己可能也會反省：「好啦，我也有不對的地方，這麼做太幼稚了。」並等待和解的機會到來，所以請你務必主動出擊。

## 女性總有段時間會顯得焦躁

很多時候，女性莫名的心情不好，很可能只是她的荷爾蒙失衡作祟。

女性會因為生理期，有時候會不由自主的對異性感到不耐煩。不只是生理期，常吃甜食的女性，也很容易因為血糖值忽高忽低，陷入興奮、低落、焦躁的循環。

大腦所有的意識活動，都是靠神經細胞傳遞訊息。神經細胞必須要有能量才能運作，它的能量來源就是葡萄糖。葡萄糖會以血糖的形式輸送到腦中，因此，血糖值穩定，情緒就穩定。

在空腹或壓力大的時候，血糖值會下降，這時若吃甜食，血糖值會急速上升，神經細胞的活性增強，心情會跟著振奮起來。但沒多久，人體中用來降低血糖值的胰島素會分泌過多，快速降低血糖值，讓人沒來由的感到沮喪。沒多久，讓血糖值再度上升的荷爾蒙又噴發，心情上上下下，讓人變得容易暴怒。

因此，女性若在排卵、生理期來之前，吃很多巧克力、餅乾，你就會看到她一下子興奮、一下子低落、一下子暴怒。她們不是因為某件事不開心，而是大腦陷入不開心的狀態，四處找機會發洩。

「不知道怎麼了，她就是心情不好，不跟我說話。」大多數的女性，偶爾會處於這種狀態，不要惹她就沒事。

這時，男性要小心不要留下話柄，要比平時更要保持平常心。就算偶爾不小心踩到她的地雷，也別太緊張，就當作正常能量釋放就好，嚴格來說也不算壞事。就讓她盡情的罵你，哭給你看吧。

女性宣洩情緒之後，通常會覺得愧疚，反而會對你更溫柔。和女人生活在一起，就是這麼充滿戲劇性。

但如果長期都這樣，真的會讓人受不了。女性要記得，如果甜食不離口，三餐不正常，動物性蛋白質攝取不足，情緒很容易不穩定。

我會建議男性朋友們，最好不要靠近那些飲食不正常的女性。如果真的愛上了，那就要下定決心，澈底改變她的飲食習慣。看到這本書的女性朋友們，大家要自律啊。

翻譯蒟蒻

**至少做一件平時不會做的、對她好的事情。**

- 即使她不跟你搭話，你還是要像平常那樣跟她打招呼。

- 準備她喜歡的東西、積極的幫忙做家事吧。要不著痕跡的顯露出，「我發現妳心情不好，想要安撫妳，讓妳開心」的樣子。
- 女性會因為荷爾蒙失衡，莫名焦躁起來，請多諒解。

## 6 她說：「做這個很累耶。」

女性說「做這個很累耶」時，真正想向你表達的意思是：「你知道我做這些事情有多累嗎？」

此時，你絕對不可以馬上回她：「覺得累的話，就不要做啊。」這等於在否定她做的事，就好像在對她說：「反正不用做也不會怎麼樣。」

例如，她對你說：「你知道每天做早飯有多累嗎？」你如果回答她：「不然買超商的東西吃也可以啊。」這樣她就會在心中，留下一個很大的疙瘩。正確的回答應該是：「謝謝妳每天那麼早起為我做早餐，妳真是一個好老婆。」

對公司的女同事也是。若資深的女同事對你說：「整理帳務真的很累，大家都不照我說的做，也不遵守繳交期限。」如果你這時回答她：「需要我請一個年輕的職員來幫忙嗎？」你就糟了。聽在她耳裡，你的意思就是：「這種工作，連剛進公司的年輕小職員都會。」

要是你遭到資深女同事記恨，那你在公司就會很不好過。你會發現你的工作進度突然停滯不前。為什麼？因為你少了資深女同事的幫助，她們可以注意到男性常會疏忽的細節，幫大家避險。

這種時候，正確的回答應該是：「多虧有××姐在，我們部門才能這麼井然有序，真的很感謝妳。」如果你有新的改善方案，應該在感謝她之後再提出。

和母親相處也是一樣。回老家過年時，如果老媽對你說：「你知道做年菜有多累嗎？」你是不是曾回答：「上網訂，叫人送來就好了啊。」

通常，當家裡的人不期待年菜，沒有人吃老媽花了好幾個小時煮的黑豆時，就會聽到媽媽這樣抱怨。媽媽只是希望你至少說一句：「一定很辛苦吧，可是沒吃到老媽的黑豆，就好像沒過年一樣。」

女性如果真的不想做的話，不會說「做這個很累耶」，而是會直接給你替代方案，像是「從明天開始你自己烤吐司，水煮蛋我會幫你做好」，或是「關於帳務整理，從下次開始請遵照這些規定」等。

## 女性腦可以輕鬆完成比男性多三倍量的事

大家知道男性腦處理日常生活瑣事的能力，遠低於女性腦嗎？

男性腦由於長期狩獵的需求，所以使用視覺神經時，擅長快速掌握整體空間，並在潛意識中測量目標物之間的位置，可以瞬間鎖定從遠方飛來的東西。除非刻意為之，否則他無法細密觀察眼前的事物。大家應該都有這樣的經驗，就是男人常對眼前的東西視而不見。

另一方面，女性腦則擅長仔細觀察眼前事物。細心觀察身邊事物，是女性非常自然的生活方式。多虧這樣的能力，她能看出小嬰兒細微的身體變化，也能判斷食物是否腐爛。

女性幾乎不會放過眼前所見的東西，所以她常會為了男性老是找不到放在眼前的遙控器感到傻眼。

對於身邊事物的自然觀察力，男性腦和女性腦的差異，足足有三倍之多。所以當男性覺得「我做了一半的家事」，實際上只有做六分之一而已。別的不說，光是丟垃圾這件事，就可以細分成九項：

1. 理解分類，準備數個合適的垃圾桶，考慮放置場所。
2. 補充垃圾袋庫存。
3. 記得每種分類的回收日。
4. 包裝盒丟棄前先清洗乾淨、撕下外包裝（寶特瓶）、剪開壓扁

（牛奶盒包裝）等。

5. 分類，丟進垃圾袋。

6. 注意廚餘是否外露。

7. 確認垃圾袋有沒有破掉，提把的部分是否弄髒。

8. 換新的垃圾袋。

9. 拿去丟。

但男性通常只做最後的拿去丟，就大肆宣傳「我家垃圾是我丟的」，實在讓人啼笑皆非。

觀察能力低的男性，無法了解女性做的所有付出，難怪連一句感謝的話都不懂得說，冷眼看著女人做事（或者說連看都沒看）。女性看到男人對自己的付出，連看都不看一眼，當然會生氣，這時她會迸出的臺詞就是：「做這個很累耶。」

這時，你不要把話說得太直接，像是「這不是家庭主婦該做的嗎」、「我工作也很累耶」，應該說「真的，我覺得妳好辛苦」，說些慰勞對方的話。簡單幾句慰勞話，有時候女性會買單、消氣，隔天會把事情做得又多又好。

下面我舉一個發生在某公司的真實案例。

該公司經手的專業素材種類十分龐大，所以每年要更新一次目錄。更新作業通常是由一位資深女性員工，花兩個星期完成。該女性辭職後，這個工作交給一名三十多歲的男性員工，結果過了一個月，更新作業遲遲未完成。

最後公司加派了兩名員工去幫忙，沒想到還要再花一個月，才有辦法做完。公司所有人，對這位資深女員工過去這麼多年來，竟一個人默默處理如此龐大的事務感到震驚。

即使不是這麼誇張的例子，女性平時稀鬆平常的處理瑣碎事務的質與量，遠遠超乎男性腦的想像。因此，如果你把資深女同事變成敵人，毫無疑問，你所有的工作都會延遲。

你會感到十分訝異，根本不知道發生什麼事，只知道自己工作起來無法像以前一樣流暢。

所以請各位男士注意，當女性說她覺得累的時候，務必慎重以對。如果隨便說出「不然交給那個年輕的同事做」這種話，後果可是不堪設想。

翻譯蒟蒻

**請回答：「多虧妳平時做這些事情，我才有辦法做好我的事，真的很感謝妳。」**

・當她說「做這個很累耶」的時候，正確回答是「多虧妳平時做這些事，我才能放心打拚我的事業」、「我最喜歡妳做的這個了」。錯誤回答是

「不然不要做啊」。

・看到女性做家事，或做其他工作時，對她說句感謝的話，慰勞她：「好辛苦喔，謝謝妳每天為我做這些事。」

# 7 有點不開心

女性的「有點不開心」，通常出現在她沒有權利責備你，但心裡總對你的某個行為舉止很在意的時候。

例如，男性評論某個電視劇中的角色：「這句臺詞好酷喔。」結果講這句臺詞的，是一位英姿煥發的職場女強人。這時他身邊的女性，如果是一位害怕重回職場的人，心裡就會產生疙瘩。

當然，這位男性稱讚劇中人物，並不是想拿她和自己的伴侶比較，進而貶低伴侶。他根本沒有直接讚賞這位演員，或說喜歡這位演員。不管從哪個角度來看，他說的話都沒有問題。但女性很容易因為另一半無心的言論或舉止，擅自感到自卑、無地自容。

如果女性這時能直率的表達自己的情感：「原來你喜歡這樣的女人啊？」至少還比較好溝通，但一般來說不太可能。她害怕自己的自卑感被看穿，所以會裝作沒事，但又會表現出有點不開心的樣子。

這種不開心的原因，和前述「反正我怎麼樣，你也都不在乎對吧？」有些相似。如果說前者是星星之火，變成燎原之火的話，這個就是因為燃燒不完全，而留下的餘燼。

其他還有，她送你的禮物，你卻很少用；在每人出一道菜的派對中，你一直吃別人做的料理，卻很少夾她做的菜。她知道她沒有權利責備你，而且責備你的話，會顯得她太小家子氣，所以她不會這麼做，只好一個人生悶氣。這種場景，在男女交往的過程中幾乎隨處可見，這就是所謂的「有點不開心」。

## 女性腦的基本功能：自我意識強

女性腦的右腦（感覺區域），與左腦（顯意識）的連結度很高，能充分掌握周遭情況。因此女性總覺得，世界的森羅萬象，都與自己相關。

你一稱讚別人，她就覺得「那你的意思是說我不行囉」，這樣的女性意外的很多。因此，當你稱讚某個特定的人時，有可能會對周遭的人構成性騷擾。企業的性騷擾防止教育，應該會越來越注重「不應該只稱讚特定的人」。

順帶一提，女性自我意識強，是女性腦內建的基本功能。從懷孕、生產、哺乳，若少了一個流程，就無法完成生育，因此保護好自己，就成了最重要的原則。如果女性不能在所屬的團體中，獲得較好的待遇，她就無法順利把小孩撫養成人。

因此，女性的自我意識強是不可避免的，這點還請大家多加包容。

女性因自我意識過強，而產生的有點不開心，錯不在男性，所以不用特別去找原因。就算你知道女性的有點不開心，是來自於她的自卑感，也千萬不要講出來，暫且先裝作不知道吧。

但是，有點不開心，很多時候是因為她內心感到寂寞，像是「原來我在他心目中不是第一名」。想要根治這個問題，只有一句話：「你才是我的最愛。」

如果很難說出口，那就換一個說法：「還是妳做的咖哩最好吃。」可以讚賞她送給你的物品，或為你做的事情。

翻譯蒟蒻

## 過一段時間後，若無其事的說：「還是妳最好。」、「妳做的××是最棒的。」

．女性自我意識很強，是因為女性腦內建的重要基本功能。

．看到她「有點不開心」時，暫時先不要和她說話。在其他場合，適時的稱讚她的料理、說幾句稱讚她的話。

# 8 大吼：「你什麼都不懂！」

**女性覺得難過，通常不是你不幫她做事，而是你沒覺察她的需求。**

姊妹淘聚會時，大家抱怨最多的內容，不是「他都不幫我做什麼」，而是「他根本不了解我」。所以，教各位一個祕訣，在為自己沒做的事情道歉之前，先向她道歉自己沒覺察她的需求吧。

正確的做法，是要在被罵「你什麼都不懂！」之前用這招。你是否曾發生過這樣的事，當她問你：「為什麼不做？」這時，你回她：「妳早點告訴我，我就會做啦。」又或者，她問你：「你那時候為什麼要這樣說？」你回她：「不喜歡的話，就早點跟我說啊。」在這種時候，你最適合的回答是：「我沒有顧慮到妳的心情，真的很抱歉。」

「妳早說，我一定幫妳做」、「怎麼不早說」，男性一定覺得，自己說這些話是出於好心，但女性聽到這樣的話並不會開心。以前某家報社曾做過民調，在「老公一秒惹怒妳的一句話」中，這種說法排名第二。排名第一的是「妳以為是誰賺錢養妳啊」，說真的，這句話真的太過分了。

這樣大家就可以理解排名第二的「早說不就好了」，聽在女性耳裡，是多麼刺耳的一句話。

## 女性腦有驚人的避險能力

女性腦是覺察的天才，它的左右腦連結度，遠遠超過男性腦。

我指的連結度很強的意思，是女性的感受比較容易浮上顯意識。換句話說，就是洞察力很強。

此外，她們的感覺可以與語言區直接連結，所以可以很快的將想法化成語言，一句接著一句，再加上她們總能意識到自己的感受，所以自我意識也很高。從男性的角度來看，女人之所以有那麼多無法理解的地方，大多數原因，都來自於她們左右腦的高連結度。

女性的覺察能力，遠超乎自己的想像。面對對她來說非常重要的人，她往往在潛意識中，就能輕易覺察到對方細微的變化。因此她常在不知不覺中就能避險。

以前我在做問卷調查的時候，有一位家庭主婦曾提到，某天她去買東西，眼睛忽然掃到感冒藥。她心想，好多年沒買感冒藥了，之前買的也快要過期，還是買一罐新的回去備著好了。

結果那天，小孩回到家時跟她說：「媽，我好像感冒了，我們家還有感冒藥嗎？」她很訝異，因為小孩已經好幾年沒得感冒了，她心想這也太巧了吧。

這不是巧合，而是這位主婦，早上在潛意識中覺察到家人出門前，身體健康已經出現變化。同樣的狀況，即使沒有買感冒藥，我猜媽媽也會不自覺的調整晚餐的菜色，幫助家人恢復健康。

**當女性覺得怪怪的，就是女性腦啟動避險功能的時候。**

潛意識覺察的資訊量，比傳送給顯意識的資訊量多不知幾百、幾千倍。如果潛意識的資訊，全部都傳送給顯意識的話，人根本處理不完，所以這些你似乎有意識到，又好像沒意識到的資訊，只能在潛意識與顯意識之間漂流，等到有適當的刺激出現，它就會浮現。

雖說如此，我們不可能用這種方式處理每一件事情，所以會把力氣集中在自己覺得重要的人身上。

意識就像大腦中的碟型天線，面對重要的人、工作、興趣、信念等，就會自動把這個「意識天線」瞄準對象，取得所有資訊，即使這個對象不在眼前也一樣。

女性們無論是對家庭也好、職場也罷，都會在潛意識中，使用這種覺察的能力，守護她們最重視的人事物。正因如此，女性才會直覺的認為，男性有沒有覺察到，與對方是否重視自己有關。

對她們來說，如果丈夫真的認為自己很重要，那麼當自己露出些許疲態時，他就應該關心的問：「沒事吧？」然後幫忙洗碗之類的。或者，當女性對男性少根筋的言論，露出不悅的神情時，男性應該要趕快道歉：「不喜歡我這樣說啊？抱歉、抱歉。」但這樣的奇蹟幾乎很少出現。

理由很簡單，男性腦的構造本來就不擅長覺察。它的功用，是捕捉獵物、爭奪地盤。如果把大腦的資源，運用在眼前的瑣事上，是很危險的一件事。

另外，從生殖方面來看，不擅長細部覺察的一方，比較容易成功。以哺乳類來說，雄性與雌性的生殖策略差很多，兩者採取的策略可說是完全相反。雌性透過視覺、聽覺、嗅覺、觸覺等感官，吸收對方的基因情報，她們會嚴選最佳的搭配對象；而雄性則是亂槍打鳥。換句話說，男性不會對眼前的異性太吹毛求疵，只要對方發情，他就會大方的跟著發情。

因此，這些不挑剔的男性，不會發現女性換了髮型，也不會覺察對方是否疲憊，或是不開心。這不代表他缺乏愛，這是男性腦體貼異性的一種方式。

## 療癒女性的魔法話語

覺察不到也是沒辦法的事。要男性細心的覺察女性的變化，這件事本身就違反男性腦的基本功能。

即使如此，男性們也千萬不能說出像是「早跟我說我就會做啦」、「怎麼不早點跟我說」等。說這些話，代表你放棄覺察，女性內心就會有疙瘩。這些話會讓她陷入絕望，覺得這個人完全沒有覺察到自己的心情。

女性傷心的不是你不幫她做，是不覺察她的心情。而你只要覺察她的心情，她就沒事了。

你只要對她說：「妳好像有點累，沒事吧？」大部分的女性會說：「沒事。」然後又打起精神回廚房做事。但如果她看到你一句話也不說，悠悠哉哉的看電視，一定會生氣的想：「我也在工作賺錢啊，為什麼只有我做家事！」

女性會為了「你沒有覺察她的心情」傷心，而且因為太過於傷心，而說不出實話。這時她只好用責罵的方式宣洩：「為什麼不幫我做！」而男性被這句話刺激到了，也就隨口搪塞：「妳早點告訴我，我就會做了。」這無疑是火上加油。

從今天開始改變這種說法吧。不要因為沒做事而道歉，要為了自己沒覺察到對方的心情而道歉。你只要說：「我沒有體諒妳的心情，對不起。」就沒事了。這麼一來，兩人就不會吵架，她也不會對你哭喊：「你什麼都不懂！」

「我沒有體諒妳的心情，對不起」，這句話能讓對方知道，你有覺察到她的心情，和「怎麼不早點跟我說」，可說是天差地遠。前者可以通往天國，後者則是墜入地獄。

仔細想想，我們平時不會把「我愛你」說出口，「我沒有體諒妳的心情，對不起。」這句話就是表達最高的愛。對女性腦來說，聽到這句話，就等於聽到「妳是我最重要的人」一樣，威力等同於求婚臺詞，沒有比這招更好用的了。

翻譯
蒟蒻

## 立刻為沒有覺察她的心情說：「抱歉。」

・對於將覺察視為重視的女性來說，你不可以對她說：「妳早點跟我說不就好了。」

・比起你沒幫她做，女性更在意的，是你沒發現她很傷心。道歉的時候，要針對這一點，「我沒發現妳心情不好，對不起」、「我太不懂女人心了，對不起」。

## 9 問你：「為什麼要這樣？」

「你為什麼要這樣？」

當男性重複做出一些少根筋的言行時，女性就會說出這句話。當她提醒你很多次「不要這樣」、「我不喜歡這樣」，但你依舊不改時，她最後就會這樣說。

當然，你不用真的回答為什麼。如果你認真又有邏輯的說明為什麼，反而會激怒她。這就是女性不可思議的地方，她問你為什麼，卻不是真的想知道為什麼。

她問了一個你很難回答的問題，目的就是要讓你答不出來，她只是希望你能坦率道歉。

在這之前，她可能多次提醒你，「要回來吃飯的話，記得六點以前打電話，不然晚餐就浪費了」、「襪子不要丟在客廳」、「馬桶蓋記得蓋上，不要一直掀著」等，但當你不斷打破她的規定時，她就會說這句話。

這是因為女性腦每次只要遇到你不聽話，就會不自覺的對你扣分。她不會每次都抱怨，但一定會扣分，等到扣分超過她能忍受的極限時，她就會爆炸。這就是為什麼明明昨天她還睜一隻眼閉一隻眼的事情，今天卻變得一發不可收拾。

當她說「你為什麼要這樣」，就是在暗示你「你再做一次，我就要爆炸了」，而等到她真的爆炸時，你道歉也沒用，事情只會變得更難收拾，倒不如在她說「你為什麼要這樣」之前，爽快道歉才是上策。

記得，這時不是對你沒做到的事情道歉，而是為讓她心情不好而道歉。不是為了沒把馬桶蓋蓋上而道歉，而是「一直讓妳覺得不舒服，真抱歉」，這才是正確答案。

## 不要為事情道歉，要為心情道歉

不是對事情道歉，而是為心情道歉。這一招可以運用在許多地方。

例如，約會遲到時，「不好意思，讓妳在這麼吵的地方等了十五分鐘，妳應該很不安吧」。不是為自己遲到道歉，而是為她在等待時感到不安而道歉。

大多數的男性遲到時，總喜歡解釋原因。當然，對男性來說，這很重要，因為男性腦是目標導向型，若有正當理由說明為何達不到目標，他們的大腦百分之百會接受這個理由。

但女性想聽的是安撫她們心情的話，不是你的理由有多正當。無論遲到的理由多麼正當，沒有覺察到她們內心不安這點就不可原諒，這就是女人心。

現在因為有手機，可以大幅補救男性這種粗心的行為。各位男性一定要注意，不要以為「與其有時間傳訊息，不如快點趕過去」，女性反而認為，停下腳步先傳幾句道歉的訊息，會顯得比較誠懇。

翻譯蒟蒻

## 道歉時要說：「對不起，讓妳不開心了。」

- 「為什麼？」、「怎麼會這樣？」女性腦喜歡問一些很難回答的問題。最好的做法，就是在她爆炸之前爽快道歉。
- 這種時候她不是在問你理由，你應該好好為惹她不開心道歉。

# 10 窮追不捨的問：「工作和我（家人）哪一個比較重要？」

「工作和我哪一個比較重要？」、「和朋友出去，和跟我約會，哪一個比較重要？」當女性感到很寂寞時，就會說出這種話。男性們千萬不要以為，她們認為你的工作和朋友都不重要。

這種問題和前述的「你為什麼要這樣」一樣，是很難回答的問題。大多數人的標準答案都是：「妳當然重要啊。可是為了照顧重要的妳，工作也很重要不是嗎？」也就是兩個都很重要。

但我想沒有任何一位女性聽到這個答案後，還會露出笑容說：「也對耶，你說的有道理。」她當然知道工作很重要，但這是她因為太過寂寞，才脫口而出的話，聽到你這樣回答，她一定會說「這我也知道」，然後覺得自己很羞愧，最後哭出來。

雖說如此，若回答「當然是妳重要」又太過矯情，回答「當然是工作重要」又太過冷血。這個問題真的怎麼答都錯。

女性就是這麼不可思議，她問你：「哪一個重要？」但心裡並不是真的想知道哪一個比較重要。

如同我在前面提到的，女性問這種問題，目的是要男性回答不出來，引誘他道歉。換句話說，她希望你坦率道歉就好。

和「你為什麼要這樣」這個問題一樣，她用這種問法，就是在暗示你「我已經快受不了了，要爆炸了」，如果你不在這時候老老實實道歉，遲早會面臨她理智線斷掉，演變成無法收拾的局面。

這種時候，你不應再主張工作有多重要，應該為了讓她感到寂寞的心情而道歉，像是：「你一定很寂寞吧，真是對不起。」、「你一定很難過吧，對不起。」

## 不只對女性，對小孩也有效

這一招用在小孩身上也很有效。例如，爸爸沒辦法參加女兒的鋼琴發表會，一定要對她說：「對不起，害妳失望了。」然後再補一句：「爸爸沒辦法去，也很難過。」這種說法會比「因為有工作沒辦法去」，更能傳達工作的重要，同時也能表達出自己很重視家庭。

有時候父親努力的背影，的確能夠表達出他的真心誠意，但畢竟不好懂，無法期望每個做子女的都能體諒，能夠用言語傳達的時候，最好還是說出口比較好。

翻譯蒟蒻

## 這樣道歉：「對不起，妳一定很難過吧。」

・當她問：「工作和我（家人），哪一個比較重要？」千萬不能回答「都重要」。

・女性想知道的不是哪個比較重要，她只希望你可以安撫她寂寞、傷心的心情。

# 11 給她建議，她反而惱羞成怒？

**女性腦最大的需求就是認同**。只要你肯聽她說話，表示認同，就萬事OK了，**她們不期待男人替她們解決問題**。

很多男性雖然發現這一點，但真正能深度理解的人則少之又少。所以，我們才會看到一群男人，在喝酒聚會時大言不慚的說：「女人啊，你只要拍拍手、贊同她說的話，就搞定了。」

實際上，這些男人每次聽妻子訴苦，還是只會幫她們解決問題。像是老婆對他訴苦在家長會中遇到的麻煩事時，他通常會說：「不喜歡的話就不要參加了。」

女性腦只要獲得別人的認同，就能抒發壓力。為什麼？因為只要能獲得認同，就可以提升自己和小孩的生存機率。對女性來說，認同才是解決問題的最好方法。

我們都是哺乳類。人類的哺乳期長達兩年以上，而在第一年，小嬰兒連走路都不會，身為人類女性，她們無法像野狼一樣在荒野單獨育兒。

女人若生病沒有乳汁，小孩可能會活活餓死。換句話說，在長達兩年的哺乳期中，女人的身體處於高風險狀態。

因此，從遠古時代以來，女性同伴之間總是會保持密切的往來，唯有這樣，女性才能平安將小孩撫育成人。二十一世紀的女性腦，也脫離不了這種演化的結果。

**對女性來說，獲得認同是最強大的支援，打贏戰爭、取得地位、獲得威嚴，對她來說都沒用處**。但只要你說一句「我了解你的心情」、「我了解你的難處。小孩還好吧」，她就會感到安心，因為小孩可以得到保護。

她希望你關心她，關心她的身體變化。

**她們對認同的需求，遠超乎男性的想像**。只要能獲得認同，她們的壓力就會減少，明天開始又能努力做事。

因此，當老婆對你訴苦在家長會中遇到的麻煩事時，最理想的回答應該是：「參加家長會真的很辛苦，真是對不起，都讓妳一個人承擔。不過幸好有妳在，妳能力那麼強，一定可以搞定，要是我一個人的話，一定忙不過來。」

但老公們幾乎不會說出這樣的話，反而還會批評：「不喜歡就不要參加啦。現在才一直抱怨，當初不要接幹部就好啦。」

大家想想看，我們身邊會說這種話的男性，實在多到數不清吧，聽到這樣的回答，女人當然會生氣。

男性說女性這樣的反應是惱羞成怒，但這其實是合情合理的發怒，因為男人居然在應該給予安慰與認同時，選擇落井下石。

因此，當你覺得「給她建議，她反而惱羞成怒」，這時就代表你沒有做好認同和安慰。要挽回這個局面，你至少要說句感同身受的話，像是：「我完全可以了解妳的心情。」

當女性開始抱怨人際關係的糾紛時，你應該一邊附和她「是喔，真過分」、「妳是對的」、「我完全能理解妳的心情」表達認同，並當一個好的傾聽者，這樣才是有禮貌的做法。

即使她做錯了，也不可以就事論事：「其實對方這麼說，也有他的道理啦」、「應該說妳的表達方式不好」等。女性對於另一半的期待，不是要你做出中立的評價，她只希望你偏袒她，附和她而已。

只要有人充分偏袒她，她自然會開始自我反省：「其實我也有不對的地方」、「或許我當初應該用別的方式表達會比較好」，女性腦就是這麼的可愛。

容我再重複一次，與女性對話時，即便她看起來想找你商量，但基本的節奏要掌握住，也就是「先認同、再認同，最後再給建議」。

女性腦遇到問題，內心會感到不安、不滿，期待獲得認同，這時若別人給她公平的評斷、有用的建議，她會覺得：「我只是需要你的認同，你卻從頭到尾在否定我。」因此，女性才會暴怒：「你啊，每次都這樣！完全不聽我說話！」

這種情況，很明顯就是男性給予的認同不足。你只要先從認同對方的心情做起，就能挽回局面。簡單的說一句：「我非常了解你的心情。」快速的進入認同模式吧。

對男性來說，這實在很荒謬，會覺得「真是好心沒好報，給她建議卻惱羞成怒」，但女性也有女性腦的困擾。

認同，對女性腦來說是認知行為的核心。

大家可能認為女人最喜歡翻舊帳。「她們常為了一些小事翻臉，還把過去的小事都拿出來抱怨……。」對男性腦來說，女性似乎常做出這樣的行為。

那是因為，女性腦有辦法一口氣，回想起過去所有相關的記憶，在這方面她們堪稱是天才。為了讓自己和小孩遠離危險、防患未然，她們的大腦構造，可以很容易讓她們一口氣回想起過去相關的記憶。

## 沒有女性會只為「一件小事」發怒

在女性腦中，一部分的體驗在腦中留下印象時，會一併儲存當時的情緒波動（情感、心情）。所以往後當她心情產生波動時，那種情緒波動就會成為一把鑰匙，一口氣提取出與該波動相關的記憶。

例如，小孩發燒了，她很著急，這時她腦中就會回想起幾個月前，在公園和其他媽媽們聊天的內容，或是幾年前在電視上看到的一個畫面，或是小時候，自己的母親或祖母如何照顧發燒的她等記憶。

她會像這樣找出所有相關記憶，有時會把它們串連起來，即使是初次面對的困難，她也有辦法做出初步應對，這就是女性腦的基本功能。

換句話說，「小孩發燒，怎麼辦」，這種著急的情緒一產生，過往與該情緒相關的記憶，就會一連串的被提取出來。而且提取的順序既不是按照時間，也不是按照搜尋頻率或價值高低，所以就連幾十年來，從來沒有回想過的記憶，也可以一瞬間拉到她的眼前。

透過這項能力，女人們即使初次面臨育兒挑戰，總有辦法通過考驗。雖然這是很棒的才能，但不能否認，在男性眼中，它的副作用非常麻煩。老公或主管只要不小心說了句少根筋的話，她就會瞬間回憶起過去他們所有少根筋的發言。

而且這種方式所提取的記憶，會充滿臨場感，讓她在腦中又重新體驗一次，雖然對男性來說，他已經為過去這些事，道歉過好幾次了，但因為臨場感使得她又受傷一次，所以她希望男性再道歉一次。

女性不是為了眼前一次小事生氣。

她會生氣，是因為過去你那些少根筋的發言又全部在她腦中浮現。男人總說女人愛為了小事發怒，但在這個星球上，古今中外沒有一個女人會為了小事生氣。

因此，當對你來說很重要的女性，在你面前生氣了，你只有一個選擇，那就是真誠的道歉。

有些男性可能會覺得麻煩，但這是女性的特殊能力，而且無論是年幼的嬰孩、老邁的雙親、公司、社會，乃至於你自己，都受到她們這項能力保護。

## 女性聊天，沒有一句是廢話

這些被貼上情緒波動標籤的記憶，往後有可能變成一種智慧，在危急時派上用場，這其中包括別人的經驗談，或是聽來的知識。

明明不是自己的經驗，但聽到後，自己的情緒仍會跟著起伏，大家知道為什麼女性們會這樣嗎？答案就是認同。

「前天晚上我兒子發燒，一時之間我真的手足無措，好可怕。」在閒聊中，女性們會一邊聽，一邊認同：「我懂、我懂，真的很可怕。」連對方的經驗談，也會貼上情緒波動的標籤，然後收藏在腦中。

之後，當發生同樣的情緒波動時，她的意識就會在腦中展開這個記憶，把別人的經驗，當作自己的經驗，所以連第一次遇到的問題，都能迎刃而解。

男性朋友們時常說：「女性聊天都沒有方向，也沒有重點，這樣有意義嗎？」的確，對目標導向型的男性腦來說，瑣碎的談話沒有意義，但對女性來說意義重大。

「今天早上去××車站搭捷運時，我的高跟鞋鞋尖卡在樓梯的止滑條上，差一點就跌倒，嚇死我了。」「我知道！那個車站的止滑條特別危險，尤其是尖頭的鞋子。」女性透過這樣的對話產生認同，把別人的經驗，當作自己實際的體驗，收藏在腦中。未來當她穿上類似的鞋子，走在車站的樓梯時，這個知識就會浮上腦海，幫助她上下樓梯時自然的往扶手靠近。

女性透過閒聊，交換對生活有助益的潛在情報，連失敗經驗談都有它的意義。透過認同，把別人的經驗收藏在腦中，即使過了幾十年，回想起來仍是歷歷在目，這是女性們用來保護自己，以及自己所重視的人的重要手段。

因此對女性來說，所有的閒聊，沒有一句是廢話。

對女性來說，這是一種可以提高生存機率的手段，是認知行為的核心。正因為有如此深奧的理由，女性腦對獲得認同的需求，才會那麼高，絕對不是只為了想討拍而已。

因此，若你決定要和女人一起生活，必須想辦法讓她的女性腦，變得更有彈性，實際做法就是在每天的日常生活中，表現出適當的認同。

順帶一提，一段完全沒有認同的對話，對女性來說壓力是很大的。有些人還會因此脈搏變快、冒冷汗，甚至自律神經失調。認同是女性身體健康的關鍵，請各位男性在這點多用心，不吝嗇的認同她吧。

## 男性腦在乎的是怎麼解決問題

另一方面，男性腦不太能從認同中找到意義。

他們長期為了狩獵所培養出來的本性使他們認為，最重要的是如何迅速達成目的。

設定明確的目標，想辦法用最短距離、最短時間、最小成本達到目標，這麼做會讓他們的腦產生快感。他們沒有閒工夫為了取得那些不知何時會用到的資訊，進行沒有重點的談話以及冗長的對應。

發生問題時，女性腦會感受內在的心情，再根據心情（情緒波動）提取相關技能，找出最適合的處理方法。但男性腦不一樣，他們早在確認心情之前，就已經開始想如何解決問題了。

女性面對問題時，最想做的事就是確認心情，並希望別人認同。她們認為，為了守護自己的重要事物，這是最管用的方法。

但男性只要一聽到有問題，就會企圖以最短的時間來解決，而且最好盡量不摻雜情緒。跳脫主觀，推論出普遍性的答案，這對於狩獵這種與性命攸關的事情，是最有效的方法。

其實這兩種腦都很重要，各有各的角色與演算法，但也因為這樣的差異，男女之間很容易產生摩擦。發生問題時，一直想談心情的女性，和盡可能不帶情緒分析狀況的男性，就會變成壁壘分明的兩個陣營。

每當女性談論遇到的麻煩，男性只會排除情緒，推論出普遍適用的答案，這種做法無法獲得女性的認同。而無法感受到認同的女性，會因為確認心情失敗，導致她們無法提取相關知識，進而提出應對方法，因此內心更加混亂。

歷經這痛苦的對話，也難怪她們最後會惱羞成怒。但男性會覺得，好心給妳建議，結果好心沒好報。各位男性朋友們是不是可以體諒一下，不要把所有的錯怪罪在女性身上？

因此，要記得，任何建議都比不上認同，只要認同，女性就會自己找出她可以接受的答案。當你忘我的給她意見而惹她生氣時，記得趕緊表達「我完全了解妳的感受」，回到認同模式吧。

女性應該也要了解，男性排除感情的公正處理法，有時也能發揮很好的效用。雖然妳可能會覺得很氣，但試著採用看看，有時看似混亂的局面，其實只要一個簡單的方法就能化解。尤其是在公司等社會型的組織，用男性這種解決問題的方法，成功機率確實高很多。

生來敏感的女性腦，想要在男人社會中存活，需要非比尋常的努力。很多以知識分子自居的男性都會說「男人和女人的腦本來就不同」，但重點在於，理解這點之後，要如何讓女人得到幸福？

## 千萬不要說：「結論呢？」、「所以呢？」

在一個女性追求認同的對話中，千萬不要說出以下這些話：「結論呢？」、「所以妳想表達的是？」、「所以呢？」

雖然我這麼勸告，但我相信三十多歲的男性，一定會感到困惑：「如果這三句話都不能說，那要說什麼？」

舉個例子，假設你老婆前陣子參加幼稚園的家長座談會，座談會上，每位家長都要用一分鐘的時間自我介紹，她打算鉅細靡遺的從第一個人，講到最後一個人。

你並不認識每位家長，所以聽了前幾個人的介紹後，就有點受不了，再加上工作結束覺得很累，又想打開電視看新聞……這時會忍不住想問：「所以呢？」即使如此，也不可以問嗎？

你當然可以問，畢竟我們女性也常說這句話，只是接下來說的話，和男性不同而已。女性會說：「所以呢？妳怎麼介紹妳自己？」

女性在意的不是淵博的知識或客觀的事實，而是說話的人當時抱著什麼心情，遭遇什麼狀況。

「所以呢？妳怎麼介紹妳自己？」這句話表示你有興趣聽下去，以及等不及想知道發生什麼事，女生對這樣的話非但不反感，反而可以一口氣縮短她說話的內容。

因此，當老婆開始沒完沒了的說她在哪些地方，遇到哪些不認識的人時，你只要輕鬆的問：「那妳呢？妳那時候在做什麼？」例如，她聊到她第一次去某間餐廳，裡面的菜單有哪些東西，一個勁的說個不停時，你只要問她：「那妳呢？妳點了什麼？」

運用這個小技巧，你就可以避免說出：「妳的結論是什麼？」、「所以妳想表達的是？」、「所以呢？」大家可以試試看。

翻譯
蒟蒻

## 告訴她：「我完全了解妳的心情。」

・對女性而言，認同是攸關性命的大事。和女性聊天時，記得只要一直認同她，聽她說話就對了。

・千萬不要做出自以為公正的評斷，像「妳也有不對的地方」，或是打斷她說話，或想排除情感、解決問題。

・不要說：「結論呢？」要說：「那妳呢？」表示你對她這個人感興趣。

# 12 突然心情不好，不理你

男女之間的交往，常會突如其來碰到讓你想破頭，也想不通的事情。本來還好好的在約會，自己也沒做什麼不好的事，為什麼她會突然心情不好、不理人，問題一定出在你的態度或言行不符合她的期待。

例如，在約會途中，氣氛突然冷掉的各種狀況。「最容易在約會途中讓氣氛冷掉」的行為，排行第一的是，走進餐廳找到座位坐下時，男生比女生早坐下，而且還是坐在應該讓給女性的上座。

到餐廳用餐時，男性應等女性坐好再入座，這是護花使者最起碼該做到的事。沒幫忙拉椅子就算了，至少在旁邊用溫柔的神情關注她，等她安心坐好。這時最重要的，就是引導她坐在最舒服的座位。

座位有裡外之分的話，讓她坐裡面。如果是靠窗的座位，要把看不到廚房、景色最好的座位讓給她坐。如果分不出座位的好壞，則是要問她：

「妳要坐哪邊？」

尤其當你們去的是年輕情侶愛去的餐廳，這種狀況會更明顯。

你會看到靠牆的座位，幾乎都坐滿年輕男女，假使隔壁桌的男生，懂得讓女生先坐、等她坐好自己再入座，而你卻一屁股的坐在裡面最好的位置，把她冷落在一邊，這樣約會的氣氛當然會冷掉。

我想大部分的女生，若在第一次約會時遇到這種狀況，絕對不會想和對方約第二次。各位男士們請多加小心。

通常在這種情況下，女性們會一個人生悶氣，不會說出實情，主要是因為不好意思。你問她怎麼了，她也只會說沒什麼。這看在男性眼裡，會覺得「沒來由的生什麼氣嘛」。

女性們對類似情況的抱怨還有，一起散步時「讓我走靠車道的那邊」、「走太快，自己一個人先走」。讓女生靠邊走，配合女生的速度走路，是紳士的基本禮儀。還有，看到女生拿體積較大的物品時，應要詢問：「要不要幫妳拿？」如果你沒做到這些，就可能看到她在生悶氣。

## 對男性的言行舉止感到失望時，也會突然心情不好

當送女性不符合她期待的禮物，或對女性說出不符合她期待的話，她會感到失望，突然心情變得不好。

說說我的實際經驗吧。

年輕時，我與另一半約會，在甜蜜的氣氛中，我問他：「你喜歡我哪裡？」他回答：「待在妳的身邊，我覺得很輕鬆。」我那時對這樣的答案很失望。

後來我做了男女腦的研究之後，才知道對男性來說，「待在妳身邊，我覺得很輕鬆」的女性非常稀有。這種女性可以獲得很高的分數，也是男性決定結婚對象的重要條件，但年輕時的我完全不知道這點。

到現在，我也記不得當時自己期待什麼樣的回答，大概是「我最喜歡妳的聲音」或「我最喜歡妳的笑容」之類的，總之就是一些誇獎我的話。「因為很輕鬆？」當時的我覺得這個答案很過分，還當場哭了出來。不用說，那天約會的後半場氣氛變得很糟糕。

女性像這樣突然心情不好，通常是因為她強烈感覺到，自己沒有受到重視，所以覺得沮喪。這時男性應該關心一下，問她：「怎麼了？」雖然大多數時候，女性應該都會回：「沒什麼。」

但如果你這時立即道歉：「都是我太笨拙了，希望妳能告訴我，我該怎麼做。」她應該也會坦率的告訴你原因：「剛才在餐廳，你應該讓我坐裡面的座位。」

有的男性可能會覺得，安撫女人的心情，這種事未免太丟臉了，絕對不做。但幾乎所有的女性，突然心情不好的理由都一樣，那就是對方做了太白目的事情。

試著問一次看看，說不定哪天就能幫助你，就當作是提升紳士風度的練習吧。

**翻譯蒟蒻**

**試著問她：「怎麼了？」真誠的說：「我太笨拙了，請告訴我該怎麼做。」**

・女性突然心情不好，大多是因為男性的行為舉止太白目。

・想想看你是不是做了什麼，比如去餐廳時，搶坐較好的座位，只點自己的東西，讓女生走靠車道那側，或女生明明穿高跟鞋，你卻快步走等。

・真誠的問她，自己該怎麼做才好，把回應女性的期待，當作是自己的任務（工作）。

# 13 講到一半突然掛電話

女人們在講電話時，會因為各種理由而感到受傷，然後就突然掛你電話。大多數的時候，男人會覺得女人真是不講理。

但如果女人會為了一點小事就對你生氣，代表她真的愛你。在大腦迴路中，火冒三丈和怦然心動，幾乎是一樣的現象，都是很激動的心情。

這時，被掛電話的男性想必一肚子火，很想乾脆就不理她，但我建議，這時候一定要趕緊回電。因為這種時候，幾乎百分之百的女性都希望你能回電，說這是一場愛情的試驗也不為過。

但若你馬上打回去又被掛斷，就先隔一段時間後再打。等她頭腦冷靜下來，開始想「掛他兩次電話，他應該會很生氣吧」，內心開始有點不安的時候。

女性有時候會無緣無故掛另一半電話，故意鬧他、煩他。有時候兩人電話講得好好的，更會讓她們想這麼做。特別是熱戀中的女性，有時會特別壞心。

這種突發性的壞心情，是因為女性分泌了雌激素。雌激素會誘發排卵，大約在排卵日三天前，分泌量會達到顛峰。

對腦來說，排卵的目的是為了生殖，荷爾蒙會誘發女性做出與生殖相關的行為。簡單來說，就是去煩她愛慕的對象。

被煩的男性腦，則會因為心煩，而開始分泌睪酮素。睪酮素是透過男性下半身分泌，用來支持生殖行為的荷爾蒙。

就像全世界的戀愛電影會有的固定情節，「邂逅的兩人陷入熱戀，後來因為某件事鬧彆扭吵架，最後兩人又和好如初」，這完全符合男女腦在生殖行為上所採取的基本策略。

所以，若你偶爾遇到另一半不講理，擅自掛斷電話，那正是沉浸在愛情的女性腦的表現，不要不理她，回電給她吧。

即使不知道該說什麼，沉默也無妨。如果她又頂撞你：「幹嘛又打給我！」你就說：「因為想聽聽妳的聲音。」

女性用不講理的事情來煩你，我想任何一位男性都會生氣。但請冷靜想想，這是因為對方正陷入熱戀中，如果這時嘴巴甜一點的話，她會更加愛你，這樣你不是更占上風嗎？記得，抓住對方鬧脾氣的難得機會，讓自己取得更優勢的地位吧。

但要注意一點，這種不講理掛電話的攻擊，如果重複很多次，你就要多加小心了。她很可能是那種前面提過，飲食生活不正常、情緒起伏太大的類型。

如果她經常不講理來煩你，那麼你的運氣就會被她拖累（和她在一起你容易覺得疲累，頭腦遲鈍，錯失出人頭地的機會），應深思熟慮，下定決心是否分開。

翻譯蒟蒻

**不管怎樣，先打回去再說**
**若她頂撞你：「幹嘛又打給我！」**
**你就說：「因為我想聽妳的聲音。」**

・女性有時候會打電話給另一半，只為了煩他，這是女性荷爾蒙在作祟。就算她掛你電話，也要趕緊打回去，嘴巴甜一點，說些好聽的話。

# 14 嘮叨的說：「我不是早就說過了嗎？」

「我不是早就說過了嗎？」女性惹怒男性的話有很多，這句話絕對是排行榜中的前幾名。

因此，我建議女性朋友們，把這句話封印起來吧。雖說如此，我覺得還是有必要說明一下，女性說出這句話時，女性腦發生了什麼事。

如前述，女性腦是擅長覺察的天才。早在男性覺察危險之前，女性就已經覺察到各種風險，並做好避險的準備。再加上女性的左右腦連結度高，可以不斷的把感受浮現在顯意識，有條不紊的程度堪稱天下第一。

例如，她去買東西，看到當天的特價品時，腦中已經在擬定晚餐的菜色；走過賣衛生紙的地方，看到只剩兩捲，就以迅雷不及掩耳的速度放進購物車中；遇到朋友，開心的閒聊幾句，卻在腦中盤算：「今天女兒要繳鋼琴費，等一下結帳時要找開。」以女性腦的標準來看，普通男性們做事情，根本就是雜亂無章。

因此，當女性對男性提出「這件事應該這樣做比較好」、「這件事提早做比較好」、「申請日到幾號為止」等建議時，大多是在腦中突然浮現的想法，對男性來說會覺得唐突，不是容易聽得進去的時機點，反而覺得女性多管閒事。

對女性來說，這些寶貴意見明明已經提過很多次了，男性們為什麼聽不進去？所以女性才會感受到強烈的空虛感，覺得自己的好意被糟蹋。

因此，等到危險真的降臨在男性身上，女性當然會擺出料事如神的態度說：「你看吧，我早就說了。」

但對男性來說，自己遇到麻煩還被落井下石，只會更加生氣。我建議男性這時候要成熟一點，不妨回答：「真的，妳說的沒錯。」承認對方是對的，才是上策。

她一吐長期的不快之後，心情就會變好，雖然有時會得意忘形，多唸幾句，但你只要聽她說就好。等她發洩完了，就會覺得老公遇到這麼慘的事真可憐，然後傾盡全力幫你解決問題。

## 受女性重視的男性可以出人頭地

即使如此，我還是希望本書的男性讀者，可以受到身邊女性的重視。畢竟，受到女性重視的重要程度，絕對超乎你的想像。

如前述，女性腦面對重要的人，會在當事者尚未察覺之前，發覺細微變化，並在不知不覺中為他避險。

「不受女性部屬重視的男人，不可能出人頭地」，這在金融業界可說是常識，我想其他業界應該也相去不遠。

其實，很多女性會認為：「我對出人頭地一點興趣也沒有，只希望自己的主管能爭口氣。」而且這樣的女性，絕對多到超乎男性的想像。尤其是擔任董事的女性，對於企業領導人更是抱持這樣的想法。

新進的女員工也一樣，她們努力工作，為的就是不讓直屬主管丟臉。同樣的，抱持這種想法的老婆們或老媽們，可說是不計其數。

但偶爾也會有例外。

某次，我對我老公說：「快跟我道歉，說『妳說的一點都沒錯』。」我老公回：「才不要，一旦我承認錯誤，妳就會變本加厲。」我承認，之前當我老公說「妳說的一點都不錯」，我確實又繼續追擊：「對吧，我之前就說過了，你就是每次都這樣才……。」實在很不好。

假如男性已經投降，女性還持續數落，面對這樣的女性也不用客氣，生氣回去沒關係。如果她只是得意忘形，應該就會立刻收手。但若道歉後，對方還堅持己見，那表示她是個壞心眼的女人，要多加觀察。

翻譯蒟蒻

**擺出笑臉，舉白旗投降：「真的，妳說的一點都沒錯。」**

・面對女性腦的抱怨，你要像個成熟的大人般，直接認錯：「妳說的沒錯。」才是上策。

・請謹記，受女性重視，是人生中重要的戰略之一。

# 15 一直翻舊帳

如前述，女性能夠藉由情緒波動，在一瞬間回想起過去的相關記憶。例如，只要遇到悲傷的事情，那麼過去發生過的傷心往事，都會在腦海中甦醒。

從男性的角度來看根本無法理解，「明明已經道歉過了，為什麼現在還要翻舊帳」。但女性會把情感當作一把鑰匙，打開過去一連串相關回憶，對女性腦來說，過去的每件事就像剛發生的一樣，充滿臨場感，所以她才會忍不住說出「那時候你做了那麼過分的事」這樣的話。

我媽也是。在我出生時，我爸做了一件很過分的事，被我媽唸了三十年還在唸。

我媽在生我時，選擇剖腹產，但她那明治時代（按：一八六八年十月至一九一二年七月間）出生的婆婆，對剖腹產的知識不足。剖腹是個大手術，身體需要休養，但婆婆認為只是生孩子，又不是生病，硬要她做事，所以在產後（術後）十六天，我媽就病倒了。

產後沒多久，小姑們和我爸，完全不關心我媽忍著疼痛忙進忙出，若無其事的坐在客廳吃飯，完全沒有打算幫忙。當時正值新年，信州的冬天極為寒冷。

我想像我媽當時的疼痛與悲慘狀況（當時外婆已經去世，我媽沒辦法回娘家休養），雖然已是過去的事，但還是覺得很可憐。我爸也真心反省過，承認媽媽年輕時過得很辛苦。

但每當我媽翻舊帳的時候，我爸總不能坦率的道歉，有時還會高聲反駁：「老媽當時跟我說生小孩不是生病嘛，有什麼辦法。而且我已經道歉過好幾次了啊。」但我媽在我生完小孩後，就不再提起這件事。

我生小孩當時，我媽發誓：「我絕對不會讓我女兒受委屈。」在待產期間，我回到娘家，真的受到我媽很好的照顧。

從出現產兆開始，雙親都待在我身旁，每當陣痛開始，我爸就會幫忙揉我的腰，這時我爸忽然說了這段話：「生產的辛苦真的超乎男人的想像。妳出生那天，我沒陪在妳媽身旁，她真是太可憐了，真是苦了她。」

我爸的這段話，似乎融化了我媽心中的冰。後來，我就再也沒聽我媽老調重彈了。

女性翻舊帳時，不會管罪狀大小。如果她老是提起這些事，就表示她認為男人反省的程度還不夠。唯有真正發自內心的反省，說出感同身受的話，才能融化女性心中的那塊冰。

若能在女性舊事重提時，適當表達自己的歉意：「過去讓妳辛苦了。」或許會有一定的效果。但最有效的方式，不是在舊事重提時道歉，而是在別的場合，發自內心的說出感同身受以及反省的話。

翻譯蒟蒻

**不斷的說：**
**「過去妳辛苦了。」**

・女性腦可以在一瞬間，回想起過去的記憶，無論是十年前痛苦的事，或是五年前悲傷的事，都能像當下發生一樣重現。

・不管她重提幾次，每次都要真心誠意的道歉。

# 16 突然放聲大哭

眼淚和腦，其實有著密不可分的關係。因情緒波動所留下的淚（不是為了濕潤眼睛，或有異物跑進眼睛時所流的眼淚），是由腦內啡（endorphin）為首的各種荷爾蒙，對神經中樞直接作用的結果。

腦內啡可以緩和極度緊張的腦神經迴路，讓人從恐懼中釋放，有止痛效果。它同時也能提升鬥志、抗憂鬱、促進生長激素分泌。

簡單來說，眼淚可以對極度緊張的腦神經，發揮類似神經鎮定劑的作用，使其放鬆。所以，人們只要遇到恐慌，或感受到激烈疼痛時，就會流眼淚。

此外，眼淚還能提升鬥志，刺激生長激素分泌。所以我們在大哭一場後，通常就能重振心情，面對明天的挑戰，隔天早上起床，也會覺得皮膚狀態很好（通常啦）。

寫到這裡，我忽然想起電影《亂世佳人》的最後一幕。女主角郝思嘉因丈夫離去痛哭一場後，露出清爽的笑容、起身說：「After all, tomorrow is another day.」（明天，又是全新的一天）。這麼劇烈的轉變，靠的就是腦內啡帶來的鎮靜效果，也就是眼淚的效用。

這麼一想，其實寶寶夜哭也有它的意義。

睡覺時，大腦會重複播放醒著時所發生的事，並從中抽取出知識和感受，寫入神經迴路中，這就是所謂的「學習」。

寶寶剛出生沒多久，所有的事情，對他來說都是一種刺激，不難想像他睡覺時，神經活動一定非常劇烈。而劇烈的神經活動，使他的腦神經充滿壓力時，他就會用夜哭的方式，來達到鎮靜效果。

人一哭，就會油然而生一股快感，進而提升動機，可以增加之後學習的效果，還可以促進生長激素分泌，讓身體成長。

新手爸爸、新手媽媽常會對寶寶夜哭感到困擾，若爸媽們了解寶寶的這些眼淚，能對他的大腦發展與身體成長帶來幫助，應該就會更有耐心的陪伴他們吧。

我自己身為一個研究腦科學的母親，碰到孩子夜哭時，都會告訴自己，這是為了他的頭腦發展，要耐心陪伴。

我會替他換尿布，看看有沒有哪個地方弄痛了，衣服是不是弄髒了，或摸起來刺刺的地方，或是讓他吸奶安撫。如果都沒用，那就抱到外面，走到沒有人的地方讓他哭個夠。

寶寶夜哭的時間並不長。我兒子剛出生沒多久，半夜常哭鬧，我都會抱著他走到神社，現在回想起來，那段時間其實是非常幸福的時光。

## 女人流淚的原因

女人流淚，也是因為神經系統產生恐慌情緒。

女性腦的左右腦連結度很高，自己的心情和感受，會不斷浮現出顯意識，因此很容易陷入恐慌。她會不斷放大自己的情緒，像是「我覺得有點難過，啊、我好難過，天啊！好難過喔，怎麼辦？」

男性腦剛好相反，發生事情時，他會幾乎關閉自己的情緒，把注意力集中在辨識狀況及處理上，所以他們根本無法想像女人大哭的瞬間，腦中發生什麼變化，只會覺得困惑。

女性這種放大情緒的功能，也是女性腦的基本功能之一，目的是為了分辨還不會說話的寶寶身上，所發生的細微變化，連女性自己也無法控制這個功能。

在工作現場，我們不能恣意放大自己的情緒，但當神經訊號過多，她們就會陷入恐慌。這對最擅長覺察、應變能力高、聞一知十的女性腦來說，男性腦輸入訊號的方式，可能會使她們的腦袋訊息超載。

因此，年輕的女性，在面對男性主管連珠炮似的指令或責罵時，可能會因為大腦訊號超載，而產生恐慌。這時，眼淚就會從女性的瞳孔流出來，目的是緩和她神經訊號的傳遞速度。

因此，當你在職場上，看到女性出乎意料的流下眼淚時，就把它想成是心在流汗，不要太在意。基於武士道重義理的精神，就假裝沒看到吧。

當然，如果你是擁有佐藤浩市（按：日本男演員）風格的型男部長，可以對她說：「傻瓜，把妳心裡的汗擦乾吧。」

順帶一提，你不用因為部屬是女性，就特地改變指示或斥責的內容。女性部屬只要能成功跨越一、兩次恐慌，大腦就會習慣，反應就不再那麼激烈。

男性主管如果有女性部屬，不要為她激動的情緒感到害怕，敬而遠之。你應該像對待男性部屬一樣斥責她，不因她的眼淚而動搖。幾乎所有女性都能跨越這道難關，如果無法跨越，就表示她不適合待在職場。

但如果是私底下，你的另一半流淚，那情況就不同了，你應該緊緊握住她的手，陪在她身邊。如果她正在生你的氣，可能會把你的手甩開，這時候不要太勉強，安靜陪在她身邊就好。重點是不要打擾她，讓她流出一定程度的淚水即可。

如果她想出門走走，你就陪著她走，但如果她是奪門而出的話，你就不要追上去，這表示她想一個人靜一靜。

千萬不要覺得「用哭的也太狡猾了吧」，或是「真囉嗦」。確實，有些狡猾的女性會用哭，讓情勢轉為對自己有利，但大多數女性都只是因為神經系統產生的恐慌而流淚。

以男性腦來看，或許會覺得：「奇怪，這時候有什麼好恐慌的？」但女性腦就像一臺增幅器，會自動把小事放大，有時候連本人也無法控制。

無論是遇上多麼嚴重的事情，女性只要敢在你面前哭泣，代表她多少對你有些情感。如果完全沒有情感，她不會留下眼淚，所以下次看到女性在哭，請不要厭惡。

翻譯蒟蒻

**如果是妻子或女朋友，先靜靜在旁邊陪著，然後表現出你很擔心的樣子，抱緊她。如果是同事，就假裝沒看到。**

- 女人流淚，通常是因為神經系統產生恐慌。緊握她的手，陪在她身旁，讓她流出足夠的眼淚後，她就會停止哭泣。
- 在職場上，女性的眼淚，可想成是內心在流汗，假裝沒看到就好。

# 17 問她去哪裡、幾點回來，她會暴怒

這種情況最常發生在家庭主婦身上。尤其是退休後、只會待在家裡的老公問：「妳要去哪裡？」、「什麼時候回來？」、「我的飯呢？」聽了更讓她一肚子火。

在日本，「家庭主婦就應該待在家」的觀念根深柢固，很多家庭主婦連出門放鬆一下，都會有一股罪惡感。當老公質問她要去哪裡，以及幾點回來，會更加深她的罪惡感，讓她更難受。她會以為，老公覺得老婆外出不是件好事，所以詢問她就是在責備她。

但老公其實沒有責備的意思，只是單純的問她幾點回來，他才好安排

時間。但對家庭主婦來說，內心壓力意外的大。資料顯示，老公退休後第三年，家庭主婦罹患心臟相關疾病的死亡率上升，這絕對不是一句「她想太多」就可忽視不管的事。

因此，當老婆因為罪惡感而大怒時，你應該溫柔的說：「我會擔心妳嘛。」最好找一個機會對她說：「你隨時外出都沒關係，那是妳的自由。」明確的表示你贊成她外出。

## 男性腦，不喜歡打破常規

心理諮商師在處理夫妻問題時，常會建議男性：「老婆要外出時，不要問她去哪裡和幾點回來。」但這個要求對男性腦來說，其實有點殘酷。

男性腦最不喜歡打破常規。突發事件和無法預測未來發展的勢態，會讓男性腦不知所措。

長期以來，思考如何狩獵的男性腦，必須瞬間瞄準從遠處飛奔過來的東西（不管是敵人或獵物），要做到這點，他必須先固定好身邊的事物，因此他偏好固定的東西、固定的事態。如果有人擅自幫他整理書桌，他的腦袋會變得混亂，所以對男性來說，和平常一樣是很重要的事。

老婆的心情最好也保持一樣。如果老婆經常心情不好，對他來說，乾脆就一直不好下去，他反而還比較放心。他也不會改變常去的理髮店，或喝酒的地方。

因為男性腦的這個特性，讓男人看到原本今天要待在家的妻子，突然穿起絲襪、塗口紅，他一定會感到不安，怎麼可能忍住不問老婆要去哪裡、幾點回來。如果他能事先知道妳要出門，男性腦就不會感到不安。

因此，我提供退休夫妻一個建議，那就是定期召開行程確認會議。

例如，在星期一早上，互相告訴對方自己這一星期的行程。「我星期一要和朋友吃飯、星期二去美術館、星期三固定去舞蹈教室、星期四固定去學義大利文、星期六會參加讀書會喔。」然後把要去的地方和回家的時間，寫在大型月曆或白板上。妳老公看到妳做了一張他在公司看慣了的行程表，說不定還會笑得樂開懷呢。當他習慣老婆總是忙進忙出後，他的男性腦也會感到安心。

有時老婆暴怒，是因為誤以為老公在罵自己，越是認真的家庭主婦，這種想法越強烈。

「今天的菜只有這些？」有些老婆也會因為這一句話而暴怒。然而站在老公的立場來看，他只是單純詢問事實（怕不夠配飯）。面對這種情況，最好的方法是先安撫老婆說：「我沒有責備妳的意思啦。」然後記得別再問這句話。

老公努力工作奮鬥了一輩子，好不容易退休了、想要悠閒度日時，老婆卻沒給他好臉色看，他一定覺得很心酸。但對老婆來說，以前老公一出門上班，家裡就是她的天下，現在老公退休，就得和她分天下。

因此，我建議主婦們要心胸寬大一點，帶著微笑跟他說：「幸好有你在家，我就能安心出門了。」對男性來說，與其生氣，不如好好的說。

但對老婆來說，扳著臉孔生氣，表示「我很重視你」。若你有這種會暴怒的老婆，只能多多體諒了。

翻譯蒟蒻

## 溫柔的附帶一句：「我會擔心妳嘛。」

・家庭主婦外出時，若被問到要去哪裡、幾點回來，常會有被責怪的感覺，要明確的告訴她：「我沒有責怪妳的意思。」

・男性腦不喜歡打破常規的事物，所以最好以一個星期為單位，互相確認行程，也可以事先寫在月曆或白板上。

# 18
# 惱羞成怒的說：「對啦，全都是我的錯。」

當發生麻煩的事情時，男性腦會客觀的追根究柢、分析原因。相較之下，女性腦遇到麻煩時，很容易從被害者的角度思考。

因此，若有人用「那時候妳說了這句話，所以產生誤會了」（下次要注意說話方式）的語氣跟她說話，她會把它聽成「都是因為妳這樣說，才會引起誤會」（都是妳害的）。

這時女性會覺得訝異，為什麼自己突然變成這件糾紛的犯人。於是，她為了保護自己，會鬧彆扭的說：「對啦，全都是我的錯，每次都這樣，反正都是我害的。」

這種反應就像是受到威脅、陷入恐慌的小動物一樣（當然她這時候可能不像小動物那麼可愛）。男性可能會覺得，自己完全沒有這樣想啊，但若想要安撫女性的心情，應該先讓她感到安心。這時，就輪到這句話出場了：「對不起，我說得太過分了。」

為什麼一出現麻煩事，女性就會立刻提高被害者意識？其實這是雌性哺乳類動物的自我防衛本能。

雌性哺乳類在懷孕、生產、哺乳期間，和小嬰兒一樣，都屬於社會上的弱者。為了保護自己與小嬰兒，女性腦被設計成無論發生什麼事，都要立刻啟動被害者意識，優先考量自身的狀況。

這時，她會封閉自己，進入自我保護狀態，有些女性會和對方冷戰，有些女性的態度則會變得更強硬，甚至出口還擊。

她認為自身已陷入危急狀況，根本無法接受那些外界基於公平評斷的建議，特別對老公、男朋友等，她認為應該站在保護自己立場的那些人，她的態度更是強硬。

換個角度來看，她會對你鬧彆扭，代表她真的很愛你。這時還請你多多擔待，至少說句話安撫她，像是「對不起，我說得太過分了」，或是「我沒有責備你的意思」。

## 不喜歡思考公不公平，所以倔強

告訴大家一個壞消息，和男性腦相比，女性腦不喜歡思考公平。從生物學上來說，男性提供完精子，便完成生育大事，但女性就不一樣了，除了自己身體要健康，還必須在生活空間中得到優渥待遇，才能順利保全後代。因此，女性腦的構造，讓女性總是優先考慮到自己。

女性也有讓別人優先於自己的時候，但那不是為了公平，而是天生的善良與母愛的關係。

所以，我說女性腦不喜歡思考公平，並不是說它比較差勁，而是雌性哺乳類若不這樣思考，會無法存活下去。正因為這種不思考公平的機制，促使他們為了保護重要的人，有辦法想出嶄新的創意，和男性腦想不出來的避險方式。換言之，女性腦這種不喜歡思考公平的機制，最後反而會對社會帶來益處。

男性們在發生問題時，只看到女性倔強的一面，就嫌女人麻煩，但事實上，男性們應該要感謝習慣不愛思考公平的女性腦，因為你們能平安長大成人，背負全家人的希望、安心在外打拚，全都靠這樣的女性腦。

至少，在新婚頭三年，女性鬧這樣的彆扭，看起來應該還滿可愛的。下次，當你的老婆泛著淚水對你說：「都是我的錯，反正每次都這樣！」就算你沒錯，也趕快跟她道歉吧。

## 為什麼女人會抗拒升遷

前面說過，女性腦總是會突然在腦中盤算自己的狀況。沒辦法，這是她們與生俱來、充滿直覺性的能力之一。在職場上，這個功能有時反而會成為她們的劣勢。

例如，當主管通知要緊急加班，女性在腦中浮現的都是自己的事（預約好的美容院或與家人有約等），所以會有些退縮，有時還會露出「饒了我吧」的表情。而男性腦中不會浮現自己的事情，所以不太會遲疑。這就是很多男性主管在潛意識中，覺得女性很難溝通的原因。

當然，女性們進社會後，會盡量勉強自己配合公司、接受加班，但無法在一開始，控制自己露出不甘願的表情。這樣的反應，意外的會讓主管留下深刻印象，認為女性職員沒有意願加班。對於平時明明比別人努力工作，但總忍不住露出不甘願表情的職場女性來說，這點非常不利。

有一些能力強的女性，平時有辦法不露出不甘願的表情，但即使是這樣的人，當你跟她們談到責任很重的工作，或關於升遷的事情時，仍要多加小心，千萬不要用這樣的說法：「如果是妳的話，一定辦得到。」

當女性得知自己升遷時，腦中第一個浮現的想法不是光榮，而是自己能不能配合，這是直覺反應，女性自己也沒轍。

小孩發燒，但為了去上班，不得不把小孩一個人留在家中；和家人約好的日子卻因為工作而爽約……這些過去的回憶，會如同走馬燈般快速在她腦中閃過，她會瞬間愣住，擔心如果這時再接下責任更重的工作，自己可能更沒有能力兼顧家庭。如果是單身女性，就會擔心自己或許會失去結婚或生小孩的機會，因此內心徬徨不已。

當然，之後也會慢慢浮現榮譽感，但第一波情緒就是不知所措。

男性主管看到女性職員愣住的表情時，會想鼓勵她說：「是妳的話，一定做得到。」

其實，大部分的男性主管都弄錯了，能力強的女性，不是對未來的工作內容感到不安，她知道自己一定辦得到。她不安的是私生活。這時對她說：「妳一定做得到。」她反而想問：「你怎麼確定？」有時甚至會絕望的想：「啊、這個人根本不知道我為了公司，犧牲了多少家庭生活。」

## 要說：「只有妳辦得到。」

我曾在某企業的女性主管教育訓練時，提到這件事，其中就有一位女主管跟我說：「上個星期，公司找我商量，要派我去國外一個月。我考慮到家庭因素，所以遲遲無法做決定，這時對方跟我說：『妳一定辦得到。』我馬上就反問他：『你怎麼確定？』」

這時候主管應該說：「只有妳才辦得到。」這句話就像魔法一樣，可以把那些每天身陷戰場的女強人，從不知所措的情緒中拯救出來。

「只有妳才辦得到，拜託妳了，可以幫幫我們嗎？」女性一聽到這樣的話，就會發揮母愛，把責任扛下來。這不是奉承，而是拉她一把，希望她不要沉浸在不知所措的反應裡，幫助她重新站起來。

安倍政權發布「二〇三〇」政策（二〇二〇年以前，女性主管職位增加三〇％）之後，各家優良企業都陸續增加了女性主管的職位，但根據回報結果，女性們接下這些職位的意願並不高。

還有女性一聽到要升遷，馬上說要辭職，而且還不是零星個案。這從男性的角度來看，簡直不可思議。

《性悖論》（*The Sexual Paradox: Men, Women and the Real Gender Gap*，暫譯）這本書中有統計資料顯示，有升遷機會的女性，約有四成的人會選擇離職。我剛看到這個統計資料時非常驚訝，沒想到就連行動積極的美國女性也是如此。

會發生這樣的事，我認為原因或許就是出在，男性們不理解女性聽到升遷消息時，不知所措的反應。

男女腦在感性上的鴻溝，或許比我們想像的都來得深。

翻譯蒟蒻

**道歉說：「對不起，我說得太過分了，我沒有責怪妳的意思。」**

- 發生問題時，女性腦很容易引發被害者意識。這時你要趕緊道歉：「對不起，我說得太過分了。」讓她安心。
- 女性在職場上接下龐大責任時，腦中第一個浮現的，是自己的生活能不能配合。因此，不要說「如果是妳的話，一定辦得到」，而是要說「只有妳才辦得到」。

第2章

# 為何男女互相不理解？因為腦

# 1 了解男女腦的差異，從白目變暖男

大家讀過第一章之後，是不是很多事都豁然開朗？還是說了解越多，越覺得女性真是麻煩？

不過，既然你能讀到這裡，就表示你應該非常想了解女性為何這麼難搞，以及如何讓她們從哭泣、嚴肅的臉孔轉變為笑臉吧。

接下來，我要從腦功能的面向詳細解說，為何對男性來說，女性的心情是如此捉摸不定，和男性的差距如此之大。

女性不開心的原因，從她們的角度來看，不外乎以下幾點：男人不夠貼心、言行舉止太粗線條、嘴巴不夠甜、不懂得看臉色等。但這些問題錯不在男性，而是在於男女腦的認知能力不同。

當你了解男性腦和女性腦的認知特性不同時，應該就能了解女性不開心的原因，以及為何要有這十八個處方箋供大家對應。

任性、不講理，甚至不合邏輯，各種讓她不開心的理由，其實追根究柢只有一個，那就是她認為「我很喜歡你，太喜歡你了，所以希望你對我好，重視我」，我希望所有男性都能理解這一點。

男性若能了解女性腦的構造，說不定連她鬧脾氣的樣子，都覺得可愛起來。更進一步的說，如果精通安撫女人心情的方法，你甚至可以成為讓女性隨時保持開心的極品暖男（或許啦）。

## 2

# 高興的說話方式，男女大不同

我原本相信，男性與女性使用同樣的語言交流，基本上應該可以互相傳達自己的心情。但大學畢業後，我在一家電腦廠商做研究時，忽然有一個心得：「該不會男女之間，一直以來都無法正確傳達各自的心情？」

當時，在某個開發計畫中，我負責研究人與人工智能之間的對話。人工智能如何覺察人的意圖，並跟在人的身旁提供服務，首要任務就是理解人說的話。在我深入分析人如何從對話中獲得滿足時，發現男性和女性各自喜好的對話方式不一樣。

不僅男人和女人聽起來覺得舒服的話不同，希望對方理解的事情也不一樣，而且連對話的目的本身都大不相同。

只要深入研究就會發現，人工智能的對話引擎，必須針對男性、女性做不同的設計。否則人工智能就無法與人類幸福的共處，這是我的結論，也是一個非常麻煩的結論。

## 心的脈絡與事實的脈絡

這個世界的對話方式可以分為「心的脈絡」和「事實的脈絡」。

心的脈絡指的是，在「想一股腦兒的講完過去的辛酸血淚」這樣的衝動下，所編織而成的對話。

例如：「三個月前，我跟那個人這樣說，結果他那樣回我，從那時起我就開始覺得不安。如果之後變得這樣怎麼辦、那樣怎麼辦，我覺得我都快要崩潰了。」

這個人表達了什麼？覺得不安↓擔心接下來會有很多麻煩的事↓快受不了了。這種說話方式就是一種心的脈絡。整段話關於事實的部分，只有前半段，如果你這時只緊咬事實的部分，她就無法暢所欲言。

例如，你替她分析：「妳當時問話的方式也不太好。」或是反問她：「妳是指這個意思嗎？」這時她就無法好好把話說完。用心的脈絡說話的人，基本上希望你跟她產生共鳴，不然她會說不下去。這些人最期待的結果，就是聽者的撫慰，像是「妳已經很努力了」。

相對的，事實的脈絡則是基於「客觀的掌握事實，希望迅速解決問題」的衝動下，所編織而成的對話。

這類說話者希望能一一確認事實，迅速尋求解決之道，所以會毫不猶豫的指出問題點：「妳這裡做不好。」對選擇用心的脈絡說話的人來說，這種說法實在太無情，但當危險逼近時，這種對話方式最為可靠。

無論男性或女性，都可能採取這兩種對話方式，只是在隨著情緒起伏時，女性大多會不假思索的採用心的脈絡，而男性幾乎都會採用事實的脈絡來說話。

所以說，想要打造出讓女性、男性聽起來都舒服的人工智能對話系統，就必須分開設計。

心的脈絡，是一種過程導向共鳴型的對話方式，說話者必須按照時間流逝的順序，從事情的開端開始說起；而事實的脈絡，則是目標導向問題解決型，說話者必須從結果往回推。兩者的時間方向完全相反。因此，我認為必須準備兩套對話系統，讓人工智慧同時混合搭載。

男性覺得女性這種「明明發現問題點卻不談，而是希望別人給她共鳴」的做法狡猾又懦弱；但女性也無法在沒有獲得共鳴的狀態下對話。

這不是因為哪一方的愛不夠或內心扭曲，而是雙方大腦採用不同的系統所致。而且，男女的差異不只對話方式，連透過五個感官過濾後，所得到的資訊都不同。

人的眼睛擁有三種色覺細胞，透過紅、黃、藍三原色認識各種顏色組合，但約有一半的女性，在光線落在紅色的範圍內，還可以再分成兩種。換言之，她們用四原色來感知顏色。

因此，女性可以敏銳分辨粉紅色到紫色的這一段漸層。多虧這個能力，即使嬰兒不會說話，母親也可以看出他臉色的變化，或分辨食物的腐爛程度。而男性完全分辨不出，女性買的新口紅顏色差在哪，當然會惹女性生氣：「我今天塗的口紅顏色和之前的完全不同款，你居然看不出來，根本就沒在注意我嘛！」

另外，女性對聲音的可識別頻率也比男性高，應該也是為了分辨小嬰兒的哭聲，所演化出來的功能。不僅聽覺和視覺，連味覺、觸覺的感受程度，也和男性不同。簡單來說，男性和女性的大腦，對覺得舒服（或不舒服）的感受完全不同。

## 女性喋喋不休，代表她對你有好感

再告訴大家一個令人驚訝的祕密。對重視共鳴的女性來說，喋喋不休，是對有好感的對象所提供的一種服務。

是的，**當你的老婆或女朋友，一見面就開始講今天發生的事情，就表示她很喜歡你**，想透過說話來取悅你。如果你這時不認真聽她說話，只顧著打電腦或玩遊戲，那就不能怪你的老婆或女朋友，認定你對她已經沒有愛了。

但從另一個角度來看，對空間辨識能力較強、總是透過達成目的來感受快感的男性腦而言，聆聽女性們的那種不著邊際、綿延不絕的對話，是非常痛苦的一件事。男性會在內心焦急的問：「說這些話的目的是什麼？」、「妳說這些話有幾個重點、現在講到第幾個了？」

因此，如果你不希望傷害老婆或女朋友的心，有一種解決策略，就是讓她深入了解你的男性腦的特徵，而這個特徵會打斷她說話或急著下結論。然後等兩人感情好的時候，再告訴對方，你不是不愛她，正因為愛她、希望替她解決問題，才會用這樣的方式思考。

身為男朋友或老公，雖然希望另一半說話盡量從結論說，以及長話短說，但你不能主動提出，這是很危險的事。她們認為，和自己親密的男性，有義務讓自己無限制使用對方的時間。

雖說如此，如果男性真的沒有時間，也可以在適當的時機點問她：「不好意思，我等一下還要去做×××，妳可以直接告訴我，希望我怎麼幫妳嗎？」

與其一開始就要求她從結論說起，不如在可運用的時間內，盡量陪在她身旁、聽她說話，最後再道歉說「對不起，時間真的很緊迫」，這樣可以帶給女性很大的滿足感，認為你很用心的在聽她說話。本來她找你說話的目的，就不是要得出結論。

在這裡向廣大的男性朋友們報告一個好消息。當你聽女性說話時，只要用感同身受的方式回應「喔！原來是這樣，那一定很辛苦」，很用心的聽她說話，女性就會自動在最短的時間內把話說完。

女性的腦中充斥著大量情感資訊、不吐不快，如果急著要她做出結論，或在她面前展現你的淵博知識，甚至提出批判性的建議，只會增強她不吐不快的情緒，更難結束對話。

# 3 全世界最容易惹怒她的，就是和她熱戀的你

男性腦和女性腦的認知功能差異非常大，因此陷入熱戀的狀況自然也大不相同。

女性的右腦與左腦的連結度很高，擁有很優秀的直覺，因此女性是有把握後，才會開始談戀愛。此外，背負高生殖風險的雌性哺乳類，會嚴格篩選雄性基因，找出與自身基因配合度最高的對象，然後集中對他發情。所以當女性陷入熱戀時，會進入「我的眼中只有你」的狀態。

對女性來說，戀愛就是時時刻刻掛念那位男性，無論是工作中或是吃飯時，腦中時不時就會浮現出他的身影。當然，她也會要求對方也得和她

一樣。

所以男性要多多體諒女性，因為你們大概很難想像，她們內心裡「回訊息太慢了」、「怎麼都不打電話給我」、「很久都沒有看到你了」的這些想法，是如何折磨熱戀中的女性。

另一方面，男性戀愛的出發點並非像女性一樣有把握。因為男性的生殖風險很低，所以會盡可能追求大量的生殖機會，甚至只要身邊有女性發情（萌生愛意），自己也會跟著發情（萌生愛意）。

很多男性應該都有類似的經驗，平時沒有特別注意到那個人，但聽別人說「她似乎對你有意思」後，便開始時常注意那個女性，回過神來時，已經愛上對方了。

由於男女的性荷爾蒙不同，大腦傳送的訊號也有差異。

女性有兩種荷爾蒙會交替分泌，一種是在生理期來之前，誘發排卵的雌激素，一種是支援受精卵著床的孕酮。

這些荷爾蒙會影響女性腦的反應。例如在排卵期，性交是最重要的目的，女性腦就會讓女性的行動變得比較積極、甚至具攻擊性。如果這時女性還消極被動，就會錯失生殖的機會。這時女性會死纏著發情對象，說些不合理的話，這就是為什麼男性有時會覺得女性莫名的心情不好。

有時候沒什麼理由就突然找你麻煩，或是因為一點小事大哭，如果你身邊的女性有這樣的反應，那可能是她在發送希望更親密一些的訊號。這時，你的心思不要圍繞在她突然不開心這件事，或對她生氣。這是加深兩人感情的好機會，應快點把握。

## 為什麼總是和最討厭的人在一起

通常會搞砸男女關係的，不會是個性相似的情侶，而是遵循生物多樣性的邏輯而在一起，在感受上完全處於兩極的男女。換句話說，**我們發情**

**的對象，通常是這個世界上最不心意相通的人**。

從小昆蟲到人類，全身都會散發費洛蒙。費洛蒙有一個很重要的作用，就是讓異性從味道，就能判別自己的基因資訊（免疫抗體的類型）。動物們在進行生殖行為以前，都會互相確認對方的基因資訊。

對繁衍生命來說，最佳的生殖搭檔，應該和自己的免疫抗體類型差異越大越好。不同的免疫組合增加越多越好，可以增加多樣性，提升子孫存活的機率。

簡單來說，從體味可以嗅出對方的基因資訊，如果對方免疫抗體的類型和自己不同，就會認定對方是好的生殖對象，因而產生好感。這就是戀愛的核心。

換句話說，**我們的熱戀對象，通常是和自己最不搭調的生物體，也是最不能理解彼此行為的人**。

當我第一次知道這個關於戀愛的祕密時，不禁喃喃自語：「原來如此……。」畢竟，在我認識的所有男性中，我先生可說是最神祕的人。他堅持的事情和我完全不同，我也搞不懂自己為什麼會喜歡上他。我們連對同一句話的解釋都完全相反。

我們對空調的舒適溫度，都有五度左右的差異。怕熱的我覺得舒適的溫度，對怕冷的他來說，套句他常嘆氣說的話：「我們家是進入冰河時期了嗎？」相對的，怕冷的他覺得舒適的溫度，對怕熱的我來說，我也只能嘆氣說：「我們家是熱帶地區嗎？」所以在我們家，我們兩個人的房間離得最遠。還有，我先生似乎很不滿意我擠牙膏的方式（我都從中間擠，我先生都從底部擠），所以我們的洗臉臺上會放兩條牙膏。

沒錯，我先生是全世界最容易惹怒我的男人。但我對他的仰慕之情，從結婚到現在三十年，依然堅不可摧。畢竟他是擁有我缺乏的感性的神祕男子啊。

我會愛上他，就是因為他很特別，但我沒意識到這點，成為情侶後，我曾因為他的特別之處而傷心。結婚三十年後的今天，我現在反倒覺得他的特別之處很有意思。

男女之間的情感不太可能一帆風順，但正因如此才有趣。我想所有的情侶相處的必經階段，就是因對方的特別之處而覺得受傷。如果你正好處於這個階段，希望你能好好翻閱本書。

**只要持續安撫對方心情二十年左右，你們就可以成為享受對方不同之處的伴侶。**如果中途因為無法安撫對方而分手，那不是太可惜了嗎？

## 女性的戀愛保存期限是三年

接下來告訴大家另一個關於戀愛的祕密。

動物演化到爬蟲類以後，就產生了一個本能，那就是自己以外的個體，如果靠自己太近，會因害怕對方可能危害自己，而感到恐懼並焦躁不安。這是動物為了保護自己，所演化出來的最基本的大腦功能。

到處散播基因的雄性，面對雌性不會繃緊神經、嚴守界線，但在和其他雄性爭地盤時，就會充分發揮這個功能。

相反的，生殖風險高的雌性，為了避免懷上生殖配對性不佳的雄性的孩子，對雄性的警戒態度會非常明顯。但一直保持這種警戒，就無法繁衍後代，所以雌性動物只有在費洛蒙配對成功並發情的瞬間，會為了生殖而對雄性解除警戒。

人的生殖週期，從懷孕到哺乳期結束大約三年。因此，女性只有在陷入愛情的前三年，會對男性抱有「情人眼裡出西施」的狀態。如果三年以內都沒有發展到生殖，她就會開始挑對方毛病。

當一段戀情結束，女性通常會嘆道：「他變了。」但其實真正變的，十之八九是女性腦。

男性大腦的感性區域，不存在死心踏地只愛一個人的功能，基本上處於來者不拒的被動立場，也不會在解除警戒期間結束後，像女性那樣突然對對方產生強烈的嫌惡感。只要對方沒有做出非人道的行為，他會一直為對方保留當初那份情愫。

因此，想要在愛情中修成正果，必須在女性解除警戒期間之前，也就是趕在三年內結婚，成功機會較大。

只要兩人開始同居生活，甚至懷孕之後，女性腦會轉變為完全不同的模式。這時，你們的戀愛保存期限（不挑你毛病的時間）就會再延長，就算她偶爾會挑你毛病，但對你的感情已不再輕易動搖。

# 4 只要補一句：「回家一看到妳，真的讓我很安心。」

即使是熱戀中，男女的心情也很不一樣。無論是愛的方式或表現，男性腦和女性腦都大不相同。不要小看這個差異，一個小小的爭執，很可能一不小心，就演變成無法修復的鴻溝。

對女性來說，所謂的愛，就是察覺對方的需求。因為女性腦凡事都以取得共鳴為主，所以女性會要求心愛的另一半「我還沒說，你就要做」、「察覺我的需求」、「體貼我」。這對女性來說就是愛的表現。

只要理解這一點，就不難想像「妳早說嘛」、「妳直接跟我說不就好了」這些話，對女性而言都是禁忌。

換言之，一個女性聽到自己喜歡的男性說：「妳想要什麼，直接跟我說就好啦。」就表示這個男性，打從一開始就不認同「察覺需求＝愛」這樣的觀念。沒有被察覺需求的女性，會認為自己不被愛，而感到受傷。

很遺憾的是，男性腦的結構，讓男性們天生就不擅長察覺眼前的瑣碎事物。

他們的大腦是被製造來俯瞰這廣大的世界，不執著眼前的小事，不受情感左右，冷靜完成大部分的工作。所以他們可以前往世界的盡頭、作戰到死，長期從事單調的作業，蓋出大城市、製造精密機器等。

因此，男性朋友們可能需要下點功夫。先從一、兩件很小、但任務明確的事情做起，像是確認燈泡庫存量足夠、不要讓浴室長黴菌等，在女性開口前，你就已經把事情處理好，即使只做好一件事情也足夠了。

做這些事情時，不要默默的做，因為女性們可能不會注意到，我建議你最好表現的高調點，像是主動說：「日光燈一直閃，好像快壞掉了，我這週末會買新的燈管回來。」讓對方有受到恩惠的感覺。假如等到日光燈完全壞了才要去補救，這時候也別忘了道歉說：「抱歉，我沒注意到該換燈管了。」

## 有時給她糖果吃

當男性對女性說「我愛妳」的時候，女性會把它解釋為「這個男人答應我，二十四小時、任何時候都會以我為優先」。女性認為的「我愛你」，意思就是凡事皆以重要的人為優先考量。女性腦就是偏心偏得特別嚴重的腦。

但男性腦的優先順序和女性腦完全相反。越與自己不親近的人，他越會撥更多時間給對方，自己的享樂和人情義理相比，他會選擇人情義理。除非是很重要的事，否則他們不會在工作中想到另一半或家人。

女性對男性這種不會第一個想到她（連打個電話也沒有），總以工作和社交領域的人際關係為優先的態度，感到很受傷。

而女性也不要用和誰約會為優先的難題，來測試男性。例如，和哥兒們聚會跟與自己約會，哪個比較重要，這無疑是自取滅亡。雖說如此，男性假如發現老婆或女朋友，因為被冷落而覺得寂寞時，還是要做一些補救措施。

那就是用口頭表達愛意。

女性有一個癖好，就是喜歡重複問：「你愛我嗎？」、「你喜歡我嗎？」並期待一樣的答案，就像含著糖果，不時在舌頭上轉動、感受它的甜味一樣。

當女性問你這個問題時，男性絕對不可以打馬虎眼：「這個、不用說那麼多遍吧？」、「幹嘛一直問這個啦？」一定要認真傳達愛意才行。

一定要用「我打從心底愛著妳」、「我最喜歡妳了」等超重量級的回應回答她，再不時夾雜「我最喜歡聽到妳的聲音」等精準的攻擊，打中她的心。當她很滿意你的回答後，就不會再問你了。

有些人可能覺得，這種話太肉麻了，說不出口。那至少可以在踏入家門時說：「我回來了。」之後，小聲的補上一句：「回家一看到妳，真的讓我很安心。」

只要補上這麼一句話，即使之後都沒說話就去睡覺，她也會盯著你熟睡的臉，笑著心想：「原來你一看到我，就覺得很安心啊。」並且覺得你睡覺的樣子可愛極了。

## 5 沒有共鳴，是女性決定分手的主因

男性就算和老婆以外的心儀女性在外面約會，或疏於關心老婆，也絕不會輕易離婚。男人在外面小心翼翼的談戀愛，怕被老婆發現，絕對不是因為擔心未來要負擔贍養費的關係。

以前我熟識的一位橄欖球選手曾對我這麼說：「男人就是這樣，即使在團隊中，有討厭到甚至不想和對方說話的隊友，但當比賽一開始，他就會像個沒事人一樣，該傳球時就傳給對方。家庭也是一樣，即使有時和老婆合不來，但既然決定共組家庭，也會每天都說點話，盡量做到老婆的要求，不會輕易說散就散。」

即使兩人在一起，已經沒有怦然心動的感覺，男性仍會把這段關係，視為「我們兩人已經是互相信任、培養友情的模式，這是比起伴隨著性衝動的愛戀之心，還要更深層的（相處）模式」。所以男性一旦對某個女性傾心，除非發生嚴重的衝突，否則絕不會積極與對方分開。

但女性不同，只要一討厭對方，覺得對方沒有用，就不想在一起了。女性總是不停的在尋找與這個人在一起的意義，簡單來說就是共鳴。「比單身時還更寂寞」，這是大多數女性在提分手時會說的話。

女性們不是不知道，再怎麼熱烈的愛情，有一天熱度也會下降，但她們希望另一半的言行舉止，可以更溫柔體貼一些。她們心中想的都是，「希望他理解我多一些」、「希望他感謝我」、「希望他多說一些讓我能產生共鳴的話」。對她們來說，和沒有共鳴的另一半住在一起，真的很空虛，甚至覺得浪費時間。

## 女性有兩個腦，裝正能量的，和裝負能量的

還有一件男性腦難以理解的事，那就是女性腦的情緒，會隨著時間不斷累積，而且她們把正面情緒與負面情緒，分別儲存在不同容器中。

例如，正面情緒，不管是約會或紀念日，只要提前一星期或一個月約好要去哪裡玩，女性腦就會在這段日子裡，每天想像要穿什麼衣服、綁什麼髮型、化什麼妝等，在腦中享受籌劃的樂趣（因此女性對驚喜約會的反應，不如男性所想像，有時反而會造成反效果，讓她心情不好）。

即使因為某些不可抗拒的因素，讓那天的約會泡湯了，但女性在這段期間所累積的正面情緒並不會消失。反正這段時間她確實去買了新衣服，也去美容院打理了一番，都有享受到樂趣。

女性腦會隨著時間累積情緒，不幸的是，負面情緒也是。她們會不斷累積負面情緒，直到有一天受不了，就會一口氣爆發出來。

女性腦和男性腦有一個決定性的不同之處，那就是不管女性腦累積多少正面的快樂時光，都無法抵銷負面情緒。

當你覺得「這個月對她這麼好，應該沒事了吧」，結果只不過是像平常一樣唸她個幾句，她就突然爆炸「我受不了你了，我要跟你分手」，原因就出在這裡。許多妻子提出熟年離婚（按：夫妻年齡介於四十五歲至六十四歲時的離婚現象）的要求，大多是因為先生的言語行為，已經超過她女性腦的閾值。

想要避免這樣的慘劇發生，奉勸各位男性要多注意另一半平時對你的抱怨，像是「為什麼你每次都要這樣」、「為什麼不幫我做那個」，雖然這些抱怨你可能已經聽到耳朵長繭了，但千萬不要不當一回事。

## 6 要稱讚職場女性細心開朗，而不是她的業績亮眼

男女腦的認知能力不同，也很容易引起職場上的誤會。

一九八六年，日本正式實施《男女雇用機會均等法》（按：類似臺灣《性別工作平等法》）。在《均等法》實施初期進入職場的女性，現在應該也五十多歲了，照理說應該可以看到許多女性在董事、總經理等職位上活躍才是。

但實際上，女性在社會活躍的人數，仍遠低於男性。雖然這些女性都非常優秀，但越來越多女性不想升遷。日本的職場環境，無法留下這些能力過人的女性，我認為真的很可惜。

這樣的結果不只對女性很可惜，對男性也是。

為什麼這麼說？因為女性腦擁有男性腦欠缺的，對於未來局勢混沌不明的忍受力、豐富的創造思考能力、統籌能力。由這樣的女性來擔任董事，對男性來說簡直是如虎添翼。

左右腦連結能力強大的女性腦，很容易一邊對照自己的心情，一邊判斷事物。她們不太重視職稱和成績（數字），反而比較重視對主管的尊敬、獲得部屬的信任、收到顧客感謝時的喜悅等。

身為主管的你，若能對女性部屬說：「妳上次的應對真的很厲害，已經可以獨當一面了。」、「妳的企劃書寫得很棒，做得好！」等，她會覺得，原來主管看見了自己努力突破困難。這樣子的鼓勵，能夠大幅提升她工作的動力。女性腦就是這樣，當你理解她，她就會覺得自己有了存在的意義。

女性不像男性那麼重視客觀評價。如果你只稱讚她業績數字好，她會覺得有點失落：「所以只要成績好，誰來做都一樣吧。」

女性的重點不在贏，而是希望別人理解她。只要有人理解她，即使未來看不見希望，她仍會奮力前進。不懂得好好活用這種韌性超強的女性腦，不是企業的大損失嗎？請多加利用職場女性的這種特質吧。

請從客觀指標以外的地方，來尋找女性職員的特點。像是她不聲張且默默的努力、優秀的人格特質（開朗、細心、勇往直前、覺察力強）等，並說出口稱讚她吧。

女性只要被稱讚過一次，就會不斷回想，之後她就有辦法靠自己維持工作動力。這意味著，管理女性部屬比男性部屬還省事，可以大量節省主管用話語鞭策部屬的成本，CP值（性價比）超高。

# 7 女人心情，會左右男人運氣

女人的心情左右男人的運氣，所以男人最好不要讓女人不開心。

如同我多次說明，女性腦的左右腦連結度很高，對於她重視的人的臉色、健康狀況、心情起伏等都很敏銳。

這樣的能力，甚至超過女性自己的想像。女性本人也是在潛意識之中，自然察覺到她重視的人身體所出現的細微變化，不自覺的改變晚餐菜色，可說是家中最重要的避險大師。

在職場也一樣。優秀的資深女姓職員，總是能若無其事的處理好各種繁雜業務，男性職員無人能望其項背。

某位經營者曾說：「重視女性職員的店家，不管面臨再怎麼惡劣的環境，都不會被淘汰。」因此，我們一定要珍惜女性，無論在何種領域，都應看重這件事。

能夠被心情好、每天安穩度日的好女人所珍惜的男性，一定身心健康，且在工作或私生活都會一帆風順。運氣好的男人背後，一定都有十分珍惜他的女性，無論是母親、妻子、或是工作同事，千萬不要疏忽女人的心情。

衷心祝福讀過本書的你，未來都能一直被太太或另一半所愛，度過一個十分幸運、健康的人生。

結語
# 女人要好命，心情要穩定

好女人的定義很簡單，那就是她的心情是否穩定。請務必讓女性的心情保持穩定。如果女性的情緒起伏太大，會降低女性腦的基本功能，並讓和她在一起的男性腦陷入混亂。

雖說如此，女性腦天生有個癖好，那就是擾亂她喜歡的人的心情。這是神賜予她成就戀愛的魔法，因為男性腦很容易在搞不清楚狀況的慌張狀態中，啟動發情開關。

因此，好女人偶爾心情不好，其實只是在撒嬌。就像在溫潤有光澤的肌膚上，灑上一顆顆閃閃發亮的碎鑽石一樣。她的心情不好，會轉變成可愛的撒嬌，抑或是大麻煩，取決於男性的本事。

本書提供你增強本事的十八個訣竅，各位覺得好用嗎？

另一方面，我也要給女性朋友們一些勸告。

回想一下前述對於好女人的定義吧。女人心情起伏太大，會使女性腦的基本功能下降，並讓和她一起的男性腦產生混亂。

因此，直覺很強的男人，絕對不會想要靠近心情起伏很大的女人。換句話說，一個女人如果性情陰晴不定，既無法在社會上成功，也遇不到好男人。

女性應該設法讓自己的心情保持平穩。在這裡，我想再多提一下，女性要如何讓自己的心情保持穩定。

## 理解男性腦，愛情更美好

從頭讀到這裡的女性，想必已經非常了解男性腦的結構了。就算女性覺得很受傷，男性腦也沒有感覺，因為它沒發現我們內心的不斷忍耐。忍耐到極限，所以才發飆，竟在男性眼裡成了「也不知道突然在暴怒什麼」。

男性腦在情感區域中，不會像女人那樣長期串連起過去的情緒。反過來說，男性腦只活在當下，是個讓人感到痛苦的腦，所以女性們長時間為男性付出的努力，才會被男性一句白目的發言化為烏有。

男性根本不知道妳過去的用心，所以才會說出粗神經的話而不自知。女性聽到男性說這樣的話會大受打擊，認為兩人的愛已不如過往，但對男性腦來說，「那個時候我只是為了公平起見，才會這麼說」，這是男性腦慣用的思考模式。

反過來說，這樣的腦也有好處，男性們不會細數過去他們的貢獻、討人情、也不會翻舊帳，重提一件件芝麻綠豆大的小事。男性很怕女性不開心，因為他們根本無法理解女人們為什麼生氣。

但我相信，願意讀完本書的男性朋友們，只要你們下定決心，面對女性種種難以理解的狀態時，願意嘗試去處理它，你們就會成為體貼善良的紳士。

我奉勸各位女性，要理解男性腦沒有挖掘過往情感的習慣，不要再為此感到不開心，認為「他不懂我」、「他不重視我」。為了不存在的東西而感到受傷，不是很可笑的事嗎？

還有一件事要請各位女性注意。

男性會過低評價發生在自己身上的事。因此男人不太會告訴同伴他的人生故事。尤其是當事情還沒出現成果之前，他們幾乎不會跟別人談起他的經過。

但女性腦是重視過程、勝於成果的腦。女性們通常希望第一個知道她重視的人打算做什麼，或心境上的變化。

男性們可能不了解，女性如果是事後才知道這些事情，會有多麼傷心。更別提如果是從他人口中得知，會讓她感到多麼絕望：「難道說，從以前到現在，我都是你人生中的局外人嗎？」有時，她會覺得和你在一起已經沒有意義了。

因為女性腦會把另一半的事，當作自己的事。不管另一半發生了好事或壞事，她都會看成是自己的重要大事。無論什麼事，她都希望你能跟她分享。

男人們為什麼不想說自己的事情？因為他們覺得另一半比自己重要太多了，覺得發生在自己身上的不過是小事，不足為道。發生壞事時，他會希望等事情平息了再說；發生了好事，他也會希望等結果真的出爐了再說，因為妳是他最重視的人。

女人太重視另一半，所以什麼都想知道；男人太重視另一半，所以不告訴對方自己的事（特別是過程）。這就是我們身為人的悲哀之處，男女對於因為重視，所以為對方做的事、期待的事完全相反。

當然，偶爾也會有剛好相反的男女情侶。有些女性也會因為珍視另一半，不主動告知發生在自己身上的（自認為的）小事。特別是一些社會地位高，或生活能力較強的女性，知道自己認為的小事，對另一半來說可能覺得很嚴重，說出來會讓對方感受到兩人能夠承受的壓力的程度，居然落差這麼大，反而傷了男人的心。

因為男女的特質不同，讓我們越愛對方，反而傷害對方越深。但也正因如此，如果能堅持下去，貫徹兩人的愛情，就會更加感受到愛情的珍貴美好。

## 成為心情大好的女人吧

女性應想辦法讓自己開心，把不開心的事放在一旁，心胸開闊的包容男性腦，畢竟他們也有他們的難為之處。

注意妳每天的飲食習慣，它會影響妳的心情。努力去理解男性腦，如果有時仍然無法接受他們的做法，可以找一個無話不談的女性好友聊一聊，或是找一個可以讓妳忘記煩惱的興趣。擊垮男人，應該是妳最後採取的手段。

女性用不開心當作武器，不是什麼光彩的事。越是成熟、受人喜愛的女性，越有辦法自己化解悲傷的情緒，當然心情總是大好。

最後再給男性朋友們一句話。

看到很努力控制自己情緒的女性，卻仍不小心露出不開心的樣子，這時請好好安撫她們的心情，因為好女人的不開心，是真正打從心底流露出來的悲傷。

希望本書能幫助大家更了解異性。

國家圖書館出版品預行編目（CIP）資料

女孩心翻譯蒟蒻：男人說話都是字面意思，女人說話卻是情緒意思。摸透她字面背後的情緒，你就萬事皆可達了。／黑川伊保子著；鄭舜瓏譯.
-- 初版. -- 臺北市：大是文化，2020.09
208 面；14.8×21 公分. --（Think；201）
ISBN 978-957-9654-99-9（平裝）

1. 成人心理學　2. 兩性關係　3. 溝通

173.3　　109008643

Think 201

# 女孩心翻譯蒟蒻

**男人說話都是字面意思，女人說話卻是情緒意思。**
**摸透她字面背後的情緒，你就萬事皆可達了。**

作　　者／黑川伊保子
譯　　者／鄭舜瓏
責任編輯／林盈廷
美術編輯／張皓婷
副 主 編／馬祥芬
副總編輯／顏惠君
總 編 輯／吳依瑋
發 行 人／徐仲秋
會　　計／許鳳雪、陳嬅娟
版權專員／劉宗德
版權經理／郝麗珍
行銷企劃／徐千晴、周以婷
業務助理／王德渝
業務專員／馬絮盈、留婉茹
業務經理／林裕安
總 經 理／陳絜吾

出 版 者／大是文化有限公司
臺北市 100 衡陽路 7 號 8 樓
編輯部電話：（02）23757911
購書相關資訊請洽：（02）23757911 分機122
24小時讀者服務傳真：（02）23756999
讀者服務E-mail：haom@ms28.hinet.net
郵政劃撥帳號／19983366　戶名／大是文化有限公司

法律顧問／永然聯合法律事務所
香港發行／豐達出版發行有限公司 "Rich Publishing & Distribution Ltd"
地址：香港柴灣永泰道 70 號柴灣工業城第 2 期 1805 室
Unit 1805, Ph. 2, Chai Wan Ind City, 70 Wing Tai Rd, Chai Wan, Hong Kong
電話：21726513　傳真：21724355
E-mail：cary@subseasy.com.hk

封面設計／柯俊仰、林雯瑛
內頁排版／顏麟驊
印　　刷／緯峰印刷股份有限公司

出版日期／2020 年 9 月初版
定　　價／新臺幣 340 元（缺頁或裝訂錯誤的書，請寄回更換）
I S B N　978-957-9654-99-9